Ética de la empresa

EDITORIAL TROTTA

Ética de la empresa
Claves para una nueva cultura empresarial
Adela Cortina

COLECCIÓN **ESTRUCTURAS Y PROCESOS**
Serie Filosofía

Primera edición: 1994
Segunda edición: 1996
Tercera edición: 1998
Cuarta edición: marzo 2000
Quinta edición: octubre 2000
Sexta edición: 2003
Séptima edición: 2005
Octava edición: 2008

© Editorial Trotta, S.A., 1994, 1996, 1998, 2000, 2003, 2005, 2008
Ferraz, 55. 28008 Madrid
Teléfono: 91 543 03 61
Fax: 91 543 14 88
E-mail: editorial@trotta.es
http://www.trotta.es

© Adela Cortina, Jesús Conill, Agustín Domingo Moratalla,
V. Domingo García Marzá, 1994

Diseño
Joaquín Gallego

ISBN: 978-84-8164-013-7
Depósito Legal: M-44.949-2008

Impresión
Ulzama Digital

CONTENIDO

Prólogo 9

Nota preliminar 11

Introducción. La empresa: el tema de nuestro tiempo 13

1. ¿Qué es la ética? 17
2. La ética empresarial en el contexto de una ética cívica 35
3. Marco ético-económico de la empresa moderna 51
4. Ética de la empresa 75
5. Ética de la dirección 95
6. Asesoría ética en la empresa: hacia un nuevo concepto de empresa 123

Apéndice 145

Índice 147

PROLOGO

El libro que tengo la satisfacción de prologar es el más original que he leído sobre el tema. El alcance de lo que con esta afirmación quiero decir se entenderá mejor si situamos este concepto, a la vez antiguo y completamente actual, en su perspectiva histórica. «Empresario» es gramaticalmente sinónimo de «emprendedor», pero nada más. La Antigüedad no puede entenderse sin recurrir al concepto de «religión». El mundo griego clásico erigió como central el liderazgo *filosófico*, sustituido en la Roma dominante por el *imperio* pronto fusionado con el de religión *católica*, es decir, *universal*, para la cual, durante la Edad Media, las virtudes —martirio, santidad— eran, claro está, las más elevadas. Hasta que con la Modernidad se crea el concepto de «sociedad civil». El *capitalismo*, en su surgimiento, no fue de ningún modo, ajeno al *protestantismo* (ética protestante-puritana) que, desarrollándose cada vez más, pasó al concepto, hoy absolutamente central, y central en este libro, de «empresa». Tres virtudes deberían presidir la actividad de toda empresa: la valentía y la justicia, desde luego, pero también la prudencia. El «empresario» o «emprendedor» antiguo era el capaz de emprender grandes hazañas. Sustituido el concepto heroico de las antiguas empresas (descubrimientos, conquistas, etc.) por el de emprendedor sí, pero a la vez prudente. (Nuestro Baltasar Gracián fue quien, oscuramente, dio este giro a la prudencia clásica, convertida pronto por Hume en egoísmo a largo plazo). El fundador de la economía moderna, Adam Smith, hizo compatibles la «justicia» en el plano moral con la «prudencia» en el económico.

Lo cierto es que, nos guste o no, y se ve claramente en el presente libro, el concepto moderno de empresa es absolutamente central en la época actual: la producción, los negocios y los servicios constituyen el quehacer propio del capitalismo que, con frecuencia, cae en el utilitarismo y el pragmatismo, o en el llamado «taylorismo».

Ahora bien, la tesis del presente libro consiste en la necesidad de vivir el concepto de «empresa» como *quehacer moral*, el quehacer por excelencia de nuestro tiempo, cuyos objetivos son no sólo la producción y los beneficios que de ella, de los bienes y servicios resultan, sino el desarrollo humano y el bien moral.

Estamos, pues, ante un actual y a la vez nuevo concepto de empresa. En toda organización actual, la de los partidos políticos y el Estado mismo, los Gobiernos intervienen y son intervenidos por las economías. Pero la autora y sus colaboradores reclaman un capitalismo «de rostro humano», en el cual se recobre para la Ética el antiguo concepto de empresa, empresa moral, de elevado tono vital, animosa, llena de *êthos* en el doble sentido del vocablo (como estructura anímica y como contenido moral). En una situación como la actual hay que recobrar la vitalidad ética, y especialmente frente a la corrupción puesta escandalosamente de manifiesto, es oportuno recuperar «económicamente» la ética o, dicho con el título de un artículo muy reciente de Adela Cortina, la autora principal, en el diario *El País,* valorar lo que ella denomina «el mercado en la ética».

Ahora bien, el concepto moderno de empresa, ha de ser no solamente, como ya lo es, fundamentalmente *organizatoria* sino absolutamente necesitada de *asesoría,* tanto informativa como normativa, que ayude a la toma de decisiones y a las exigencias morales en sentido universal, que responda a las exigencias *ecológicas* de la sociedad (experimentos con seres humanos y animales, destrucción de la capa del ozono, contaminación, destrucción de los bosques, prohibición de instalar fábricas peligrosas, etc.). Cada vez se redactan más «códigos éticos» que sin embargo no deben ser considerados como «catecismos», sustitutivos de la toma personal de decisiones, también «comités éticos», lo que es importante. Pero sobre todo lo es un nuevo concepto de empresa, plenamente abierto a la moral.

No quisiera terminar este prólogo sin mencionar los nombres de mi amigo Jesús Conill, marido de Adela Cortina, y los de Agustín Domingo y Domingo García Marzá, autores de sendos capítulos de la obra, y el de la Empresa Bancaixa de Valencia, estimuladora de ésta y otras investigaciones semejantes. Y, naturalmente, Editorial Trotta.

27 de junio de 1994

JOSÉ LUIS L. ARANGUREN

NOTA PRELIMINAR

Este libro, que pretende abundar en una cultura de la cooperación, como debe serlo la empresarial, es él mismo resultado de un esfuerzo cooperativo.

En principio, porque no hubiera existido sin la experiencia interdisciplinar adquirida a través de la participación con empresarios y con profesionales del mundo de la universidad en seminarios, como el de Ética Económica y Empresarial que, patrocinado por Bancaixa, se ha venido celebrando en Valencia durante los cursos 1991/92 y 1992/93, y también en jornadas y debates del mundo de la empresa, como la Primera Conferencia Española de Ética, Economía y Dirección, organizada por la Asociación Española de Ética de la Economía y las Organizaciones (EBEN-España), y celebrada en Madrid en mayo de 1993.

Pero también este libro abona una cultura de la cooperación porque ha sido elaborado conjuntamente por cuantos en él colaboran, aunque los distintos capítulos fueran posteriormente distribuidos del siguiente modo: Jesús Conill es responsable del capítulo 3 («Marco ético-económico de la empresa moderna»), Agustín Domingo, del capítulo 5 («Ética de la dirección»), V. Domingo García Marzá, del capítulo 6 («Asesoría ética en la empresa»), y yo misma, de los capítulos 1 («¿Qué es la ética?»), 2 («Ética empresarial en el contexto de una ética cívica») y 4 («Ética de la empresa»), así como de la Introducción y coordinación.

Confiamos en que el resultado de esta colaboración haya sido positivo, y que estas claves para una cultura empresarial sirvan de orientación en la aplicación a los casos concretos con que se enfrentan los agentes económicos.

A. C.

Introducción

LA EMPRESA: EL TEMA DE NUESTRO TIEMPO

Cuando J. Ortega y Gasset publicó *El tema de nuestro tiempo* no podía sospechar la buena fortuna que un título semejante iba a hacer en el mundo de quienes ejercen el vicio de la pluma porque, en cuanto topan con un ámbito de cuestiones central para una época, se sienten tentados de bautizarle con el expresivo rótulo orteguiano. En esa tentación he caído al comienzo de este libro por tratarse en él de cuestión tan nuclear para nuestro tiempo como la ética de la empresa o, lo que es lo mismo, su carácter, sus valores, sus ideales morales, que es lo que en buena ley significa el vocablo griego *êthos*, del que la palabra «ética» procede.

Que la naturaleza, carácter y valores de la empresa constituyen uno de los temas centrales de nuestro tiempo se echa de ver en la proliferación de revistas especializadas, en la constante publicación de libros sobre el tema, en la creación de cátedras e instituciones específicas de ética empresarial, en el hecho de que se haya convertido en asignatura de los planes de estudio de escuelas empresariales, facultades de ciencias económicas, de filosofía y de humanidades, en el nacimiento de asociaciones nacionales e internacionales, y en la multiplicidad de simposia, conferencias y cursos que sobre ética empresarial se celebran. Pero también se percibe el auge de este tipo de saber con sólo tomar el pulso a las sociedades postcapitalistas.

Porque, según los expertos, es la nuestra una *época managerial*, y nuestra sociedad, una *sociedad de organizaciones*, en la que la empresa constituye el paradigma de todas las restantes. De suerte que algunos llegan a afirmar que si la salvación de los hombres ya no puede esperarse únicamente de la sociedad, como quería la tradición rousseauniana, ni tampoco del Estado, como pretendía el «socialismo real» de los países del Este, ni, por último, de la conversión del corazón, de la que hablaba cierta tradición kantiana, es una *transformación de las organizaciones* la que puede salvarnos, siendo entre ellas la empresa la ejemplar.

Por eso importa, no sólo a los miembros de las empresas, sino también a quienes trabajan en las restantes organizaciones, aprender de la ética empresarial el modo de actuación que nuestro tiempo exige a las organizaciones que quieren sobrevivir, crecer y superarse. E importa a los miembros de la sociedad en general prestar atención a la conducta de esos personajes que encarnan como pocos los ideales de un tiempo: los líderes del mundo empresarial. Porque el *líder empresarial* ha venido a destacarse como el paladín de los más admirados valores, como el ejemplo de las más envidiadas cualidades y los más codiciados resultados, sustituyendo al caballero andante de las gestas medievales, al burgués de la Revolución Industrial, al obrero revolucionario de la tradición socialista, a los héroes bélicos de nuestros relatos infantiles, al militante comprometido de nuestra temprana juventud.

Todos los hombres son inevitablemente morales —han dicho con acierto dos filósofos tan nuestros como Xavier Zubiri y José Luis L. Aranguren—, pero no son iguales a lo largo del tiempo y a lo ancho de las culturas los *contenidos* de esa moralidad, sino que se suceden los personajes admirados por las generaciones —el héroe, el santo, el sabio—, como expresión acabada de nuestras más íntimas aspiraciones. Aspiraciones que no son ajenas a las condiciones culturales, económicas y políticas de la época correspondiente, sino todo lo contrario: constituyen uno de los mejores caminos para conocer los distintos ingredientes que componen su carácter y su temperamento, su *êthos* y su *pathos*.

Si pasáramos una encuesta hoy en día, preguntando a jóvenes y no tan jóvenes qué personajes son los más admirados, aparecería sin duda el nombre de algún empresario, cosa absolutamente impensable en nuestro país tan sólo hace unos años. ¿Cuáles son las razones de este cambio de ideales? Que nuestra época —como hemos dicho— se autodefine como managerial y de organizaciones, y de ahí que los líderes de las organizaciones paradigmáticas —la empresas— sean contemplados con veneración.

Pero a ello se añade ese afán de transformar las organizaciones en su conjunto por ver si se realiza el sueño de lograr una sociedad mejor, cosa que suele hacerse intentando rehabilitar los sectores sociales oscurecidos en su capacidad moral por los diseñadores anteriores de sociedades mejores, y sacando a la luz los valores cuyo olvido trajo la corrupción o, lo que es idéntico, la desmoralización. Porque una sustancia corrompida ha perdido sus virtualidades y sus potencias positivas, y justo en esto consiste haber perdido la moral o estar desmoralizado: en haber perdido la capacidad para crear riqueza.

Por eso, si los últimos diseños transformadores primaron, como fuente de moralización, al Estado sobre la sociedad civil, al político elegido por mayoría sobre el empresario, los nuevos arquitectos de un orden social nuevo ponen su esperanza de moralización en la sociedad civil, en la iniciativa personal o grupal, en el empresario generador de riqueza y en una *ética de las organizaciones e instituciones*, que evite los defectos de las anteriores y proponga los valores adecuados a su reconstitución. Y para eso es esencial un *ética de la empresa*, que proponga aquellos valores, antaño olvidados, que hoy vivenciamos como indispensables para construir una sociedad alta de moral, una sociedad en forma.

En este orden de cosas es en el que un buen número de autores concibe la empresa como un motor de renovación social, que goza de aquellas cualidades de las que carecen las viejas instituciones anquilosadas por la burocracia, asfixiadas por el imperio de los mediocres, represoras de todo aquel que innova, de todo aquel que destaca, manejadas, no por los caciques de siempre, pero sí por caciques, como siempre, aunque ahora los caciques consigan la mayoría numérica.

Frente a las lacras de las viejas instituciones se entiende entonces que una empresa *éticamente impecable*, es decir, la que persigue los objetivos por los que una empresa existe (*satisfacer necesidades humanas*) se caracteriza por la *agilidad* y la *iniciativa*, por el fomento de la *cooperación* —no ya del conflicto, como antaño— entre sus miembros, ya que a todos mueve un *interés común*, por la *solidaridad al alza*, por el *riesgo razonable*, por la *corresponsabilidad*. Pero todo ello dentro de un marco de *justicia* sin el que cualquier empresa es inmoral.

De coordinarla se encarga un *directivo*, que ha de ser el más capacitado para ello, porque tiene aptitudes para alcanzar los objetivos de la organización, aplicando el saber a producir resultados. Las cualidades necesarias son, en consonancia con el tipo de organización que dirige, el saber para actuar, la agilidad, la capacidad de proyectar e ilusionar con sus proyectos, la habilidad para colocar a los miembros de la empresa en el lugar oportuno, la imaginación, la capacidad de innovar para mejor adaptarse a una realidad social siempre cambiante. Y de él tienen que aprender cuantos en diferentes organizaciones —universidad, hospital, administración pública— deseen llevar adelante proyectos organizativos, contando con el recurso por excelencia: el recurso humano.

Éstas son las razones por las que hemos creído conveniente escribir este libro y ordenar los temas que lo componen en el siguiente sentido: 1) el capítulo 1 intenta analizar qué es la ética, partiendo de distintas tradiciones, para intentar aclarar cómo se entendería en concreto una ética de las organizaciones; 2) el capítulo 2 nos informa de que la empresa es una parte de la sociedad y, por tanto, su ética debe intentar asumir los valores propios de una ética cívica, de ahí que importe considerar cuáles son los valores de tal ética; 3) el capítulo 3 nos muestra el marco económico en el que nace la empresa moderna (el capitalismo) y trata de extraer las consecuencias que para el funcionamiento ético de la empresa se siguen de los distintos modos de entender la ética del capitalismo; 4) el capítulo 4 analiza el nacimiento y desarrollo de la ética empresarial y los diversos modos de entenderla; 5) el capítulo 5, tras lo ganado en capítulos anteriores, intenta desentrañar cuál ha de ser el comportamiento ético del directivo; 6) el capítulo 6 nos muestra un modelo específico de asesoría ética en las empresas.

Intentamos presentar, pues, en nuestro libro las claves de una empresa que sea a la vez *ética* y *rentable*, de una empresa en que la *eficacia* no venga reñida con la *equidad*. Por eso no puede ni debe optar lisa y llanamente por un liberalismo salvaje, sino que cualquier propuesta que realicemos se encuadrará en el marco de un Estado social y democrático de derecho, como también en un nivel moral de justicia, al que desde la tradición iniciada por L. Kohlberg se ha denominado «postconvencional»: aquel nivel en que son justas las decisiones que tomaríamos poniéndonos en el lugar de cualquier otro, lo cual excluye tener por justo lo que sólo satisface las necesidades de un grupo.

Pretende ser, pues, la nuestra una ética que recuerda con Hegel que la moralidad debe realizarse en las instituciones, porque otra cosa es abstracción engañosa, y que en tales instituciones son los mejores —los «excelentes»— quienes deben dirigirlas; pero también recuerda con Kant que las instituciones mismas se legitiman recurriendo al «punto de vista moral», aquel punto en que ningún hombre puede ser preterido en sus necesidades ni relegado en su dignidad.

ADELA CORTINA
Universidad de Valencia

Capítulo 1

¿QUE ES LA ETICA?

I. LA ETICA ES UN TIPO DE SABER QUE ORIENTA LA ACCION (UN TIPO DE SABER PRACTICO)

Definir términos que tienen una larga historia no es tarea fácil, porque a lo largo de los siglos sus usuarios los han ido enriqueciendo con matices diferentes, y querer encerrarlos todos tras las rejas de una definición resulta imposible. Las palabras, como sabemos, son creaciones humanas que van ganando con el tiempo tal variedad de connotaciones, que cualquier intento de fijar su significado resulta inevitablemente empobrecedor. Pero, por otra parte, como también el lenguaje es el medio de comunicación por excelencia, conviene aclarar desde el comienzo el significado que queremos dar a los términos con objeto de entendernos, aún corriendo el riesgo de caer en formulaciones esquemáticas.

Hecha esta advertencia, nos arriesgaremos a decir que la *ética* es un tipo de *saber* de los que pretende *orientar* la *acción humana* en un sentido *racional*; es decir, pretende que obremos racionalmente. A diferencia de los saberes preferentemente teóricos, contemplativos, a los que no importa en principio orientar la acción, la ética es esencialmente un *saber para actuar de un modo racional*.

Pero no sólo en un momento puntual, como para fabricar un objeto o conseguir un efecto determinado, como ocurre con otro tipo de saber —el saber *técnico*—, sino para *actuar racionalmente en el conjunto de la vida*, consiguiendo de ella lo más posible, para lo cual es preciso saber ordenar las metas de nuestra vida inteligentemente.

Por eso, desde los orígenes de la ética occidental en Grecia, hacia el siglo IV a.C., suele realizarse una primera distinción en el conjunto de los saberes humanos entre los *teóricos*, preocupados por averiguar ante todo qué son las cosas, sin un interés explícito por la acción, y los saberes *prácticos*, a los que importa discernir qué debemos hacer, cómo debemos orientar nuestra conducta. Y una segunda distinción, dentro de los saberes prácticos, entre aquellos que dirigen la acción para obtener un objeto o un producto concreto (como es el caso de la *técnica* o el *arte*) y los que, siendo más ambiciosos, quieren enseñarnos a obrar bien, racionalmente, en el conjunto de nuestra vida entera, como es el caso de la *ética*.

Ahora bien, las sencillas expresiones «racional» y «obrar racionalmente» son más complejas de lo que parece, porque a lo largo de la historia han ido ganando una multiplicidad de significados, que son los que han hecho que el saber ético se entendiera de diferente manera. De explicitar estos modos del saber ético vamos a ocuparnos a continuación.

II. MODOS DEL SABER ETICO
(MODOS DE ORIENTAR RACIONALMENTE LA ACCION)

Estos modos serán fundamentalmente dos: aprender a tomar decisiones *prudentes* y aprender a tomar decisiones moralmente *justas*.

1. La forja del carácter (tomar decisiones prudentes)

«Obrar racionalmente» significa, en principio, saber deliberar bien antes de tomar una decisión con objeto de realizar la elección más adecuada y actuar según lo que hayamos elegido. Quien no reflexiona antes de actuar sobre los distintos cursos de acción y sus resultados, quien no calibra cuál de ellos es más conveniente y quien, por último, actúa en contra de la decisión que él mismo reflexivamente ha tomado, no obra racionalmente.

La ética, en un primer sentido, tiene por tarea mostrarnos cómo *deliberar* bien con objeto de hacer buenas elecciones. Pero, como hemos dicho, no se trata sólo de elegir bien en un caso concreto, sino a lo largo de nuestra vida. Por eso la ética invita desde su orígenes en Grecia a *forjarse un buen carácter*, para hacer buenas elecciones, como indica el significado etimológico del término «ética».

En efecto, la palabra «ética» viene del término griego *êthos*, que significa fundamentalmente «carácter» o «modo de ser». El carácter que un hombre tiene es decisivo para su vida porque, aunque los factores externos le condicionen en un sentido u otro, el carácter desde el que los asume es el centro último de decisión. Por eso decía Heráclito de Éfeso que «el carácter es para el hombre su destino»: según el carácter que un hombre tenga, enfrentará la vida con ánimo o con desánimo, con ilusión y esperanza o con pesimismo y amargura.

Sin duda las «circunstancias» también influyen, como dice la famosa expresión de Ortega «yo soy yo y mis circunstancias», pero habitualmente se silencia la segunda parte de la expresión: «y si no salvo mis circunstancias, tampoco me salvaré yo». Cosa que no puede hacerse sino desde un carácter que se encuentra «alto de moral», en forma, como indica la expresión «moral», que significa lo mismo que «ética».

En efecto, el término latino *mos* significa también «carácter» o «modo de ser» y por eso en la vida cotidiana hablamos indistintamente de «valores morales – valores éticos» o «normas morales – normas éticas». En ambos casos nos estamos refiriendo a valores y normas de los que nos podemos apropiar activamente o que podemos rechazar, porque lo moral y lo ético siempre nos refieren a valores, actitudes o normas que podemos elegir, de los que nos podemos apropiar. Desde el origen griego de la ética cabe distinguir en el mundo humano entre el *temperamento* (*pathos*), constituido por aquellos sentimientos y actitudes con los que se nace y que no se pueden cambiar (la dimensión pasiva de la persona), y el *carácter* que cada uno se va forjando, el modo de ser del que cada quien se va apropiando a lo largo de su vida al hacer sucesivas elecciones en un sentido.

Ciertamente, nacemos con una determinada constitución genética y psicológica, que no elegimos, como tampoco el contexto social. Por eso algunos filósofos hablan de que a cada hombre desde el nacimiento le toca una determinada «lotería» natural (genética y psicológica) y social, que no elige; sin embargo, a diferencia de los animales, los hombres nos vemos obligados a modificar nuestra herencia o bien a reforzarla, eligiendo nuestro propio carácter, aunque en esa tarea nos encontremos sumamente condicionados. A esa necesidad originaria de elegir el propio carácter llamamos *libertad* en un primer sentido de este término y, puesto que estamos «condenados» a ser libres, a tener que elegir, más vale que nos esforcemos por hacer buenas elecciones.

La ética es, pues, *en un primer sentido*, el tipo de saber que pretende orientarnos en la forja del carácter, de modo que, siendo bien conscientes de qué elementos no está en nuestra mano modificar, transformemos los que sí pueden ser modificados, consiguiendo un buen carácter, que nos permita hacer buenas elecciones y tomar *decisiones* prudentes.

Quien esto consiga, será un hombre sabio, pero no sabio por acumular conocimientos o por deslumbrar a sus semejantes con elevadas reflexiones, sino sabio por *prudente*, por saber hacer buenas elecciones. En definitiva, la finalidad originaria de la filosofía, como amor al saber, fue la de gestar hombres sabios, que no sólo fueran conocedores de un gran número de secretos de la naturaleza, sino que supieran vivir y, sobre todo, que —como decía Aristóteles— supieran *vivir bien*. La ética entonces se propone aprender a vivir bien. ¿Cómo se logra esto?

1.1. *Fines, valores, hábitos*

Una configuración inteligente del carácter requiere percatarse en primer lugar de cuál es la meta a la que queremos tender con nuestras acciones, cuál es el *fin* que deseamos perseguir en el conjunto de nuestra vida. Desde él podemos ir fijando entonces los *modos de actuar* que nos permitirán alcanzarlo, las *metas intermedias* y los *valores* que es preciso encarnar para llegar tanto a los objetivos intermedios como al fin último. Si descubrimos todo esto, lo inteligente es orientarse en la acción por esos valores e incorporar a nuestra conducta esos modos de actuar, de forma que no nos veamos obligados a hacer un esfuerzo cada vez que queramos obrar en ese sentido, sino que «nos salga» sin apenas esfuerzo y forme ya parte de nuestro carácter.

Resultaría agotador tener que pensar cada vez que vamos a andar o a subir al ascensor cómo hacerlo del mejor modo y por eso el haberlo aprendido nos ahorra una gran cantidad de energías. Pero esto mismo ocurre en actuaciones menos rutinarias, como sería el caso de tomar buenas decisiones a lo largo de la vida: que quien ha asumido qué fines se propone y cuáles suelen ser los medios más adecuados para alcanzarlos, y además se ha habituado a optar por ellos porque son los que convienen, ahorra una inmensa cantidad de energías y con ello obra, claro está, racionalmente.

Esto no significa en modo alguno que lo inteligente sea convertirse en un autómata, que siempre elige los mismos medios, sin ninguna capacidad de innovación, porque un individuo semejante sería incapaz de adaptarse a los cambios sociales y técnicos y además carecería de creatividad, dos características —capacidad de *adaptación* y *creatividad*— indispensables en la vida humana, y muy concretamente en la vida empresarial. «Habituarse a hacer buenas elecciones» significa más bien ser bien consciente de los fines últimos que se persiguen, acostumbrarse a elegir en relación con ellos y tener la habilidad suficiente como para optar por los medios más adecuados para alcanzarlos.

Lo cual significa, como muestran hoy en día los empresarios «excelentes», que importa ante todo tener claros los *fines*, más que las normas y los reglamentos, porque quien tiene presentes los fines y sabe ordenar los *objetivos* intermedios en relación con ellos, sabrá adaptar los nuevos medios que aparezcan e imaginar otros nuevos. Por el contrario, quien viva en un mundo totalmente regulado, de normas y de reglamentos, quien sólo sea capaz de utilizar medios ya conocidos, será incapaz de imaginar, de innnovar y, por tanto, de alcanzar mejor los fines que, en definitiva, dan sentido a toda elección. Tener conciencia de los fines que se persiguen y habituarse a elegir y obrar en relación con ellos es la clave —como veremos— de una *ética de las personas* y de una *ética de las organizaciones*, muy especialmente, de las empresas.

A esos modos de actuar ya asumidos, que nos predisponen a obrar en el sentido deseado y que hemos ido incorporando a nuestro carácter por repetición de actos, es a lo que tradicionalmente se llama *hábitos*. Cuando están bien orientados reciben el nombre de *virtudes*, cuando no nos predisponen a alcanzar la meta, el de *vicios*.

Podemos decir, pues, que la ética, en un primer sentido, es un tipo de *saber práctico*, preocupado por averiguar cuál debe ser el *fin* de nuestra acción, para que podamos decidir qué *hábitos* hemos de asumir, cómo ordenar las *metas intermedias*, cuáles son los *valores* por los que hemos de orientarnos, qué modo de ser o *carácter* hemos de incorporar, con objeto de obrar con *prudencia*, es decir, tomar *decisiones acertadas*.

Obviamente, el hecho mismo de que exista el saber ético, indicándonos cómo *debemos* actuar, es buena muestra de que los hombres somos *libres* para actuar en un sentido u otro, por muy condicionada que esté nuestra libertad; porque —como decía Kant— «si debo, es porque puedo»: si tengo conciencia de que debo obrar en un sentido determinado, es porque *puedo elegir* ese camino u otro. De ahí que la libertad sea un elemento indispensable del mundo ético, al que va estrechamente ligada la *responsabilidad*, ya que quien tiene la posibilidad de elegir en un sentido u otro, es responsable de lo que ha elegido: tiene que responder de su elección, porque estaba en su mano evitarla.

Es cierto que la expresión «responsabilidad» parece muy exigente en estos tiempos nuestros que son tan *light*, pero sólo quiere decir que quien elige un curso de acción, pudiendo elegir otro, es el autor de la elección y, sea buena o mala, ha de responder de ella.

Muchas veces en el mundo ético soy yo mismo quien critico mis elecciones y entonces tengo que responder de ellas ante mí mismo, pero cuando las elecciones tienen un impacto social, tengo que responder ante la sociedad y por eso he de medir muy bien mis pasos. En este sentido a nadie se le oculta que las organizaciones y las instituciones tienen una *responsabilidad social* innegable, no sólo porque sus opciones repercuten en la sociedad, sino también porque los fines que persiguen son sociales.

Libertad y *responsabilidad* son, pues, indispensables en el mundo ético, pero también lo es un elemento menos mencionado habitualmente: el *futuro*. Porque para forjarnos un carácter, en la línea que hemos expuesto, necesitamos tiempo, precisamos plantearnos fines y metas *a largo plazo*, desde los que cobran sentido las metas intermedias. Por eso suele decirse que, así como a la estética le basta con el presente, con disfrutar del momento (el *carpe diem* de los clásicos), la ética necesita contar también con proyectos de futuro desde los que cobran sentido las elecciones presentes.

Los proyectos éticos no son, pues, proyectos inmediatos, que puedan llevarse a cabo en un breve lapso de tiempo, por ejemplo, en el presente y en un futuro inmediato, sino que necesitan contar con el futuro, con tiempo, y con sujetos que, por ser en alguna medida libres, puedan hacerse responsables de esos proyectos, puedan responder de ellos.

1.2. *El carácter de las personas y el de las organizaciones*

Al hablar del carácter solemos pensar en el de las personas, sin percatarnos de que también ciertos colectivos, como las *organizaciones* e *instituciones*, adquieren unos *hábitos*, acaban incorporando un *carácter*, que puede ser percibido tanto por sus miembros como por aquellos que desde fuera tienen contacto con la organización. ¿Qué tipo de hábitos, qué tipo de carácter es deseable que adquieran las empresas, como organizaciones que son?

1) En principio, podemos decir que, en lo que respecta a las *personas*, el saber ético les orienta para crearse un carácter que les haga *felices*: los hábitos que les ayuden a ser felices serán virtudes, los que les alejen de la felicidad, vicios. La felicidad es el fin último al que todos los hombres tienden y la ética se propone, en principio, ayudar a alcanzarla.

Ocurre, sin embargo, que el término «felicidad» es muy ambiguo y se ha ido entendiendo de muy diversas maneras. Por «felicidad» puede entenderse *bienestar*, una vida lo más placentera posible, repleta de satisfacciones sensibles, o bien *el logro de la perfección*, o también la *autorrealización*, es decir, alcanzar aquellas metas que nos parecen justas y deseables, produzca o no ese logro una satisfacción sensible.

Por ejemplo, en nuestra sociedad suele entenderse por felicidad la búsqueda de un bienestar que se consigue teniendo el cuerpo en forma, disfrutando del ocio y de bienes de consumo; sin embargo, un buen número de directivos de las empresas más productivas —los «excelentes»— se afanan por conseguir la perfección en el terreno profesional, sacrificando, si es preciso, actividades placenteras; mientras que quienes bregan por ideales altruistas, creen realizarse luchando por ellos, aunque no logren con ello experimentar placer ni tampoco les preocupe ser perfectos en ningún respecto. Todos ellos buscan la felicidad, pero es indudable que la entienden de muy distinta manera. ¿Alguna de las tres formas es más inteligente que otras, o conviene —como se lleva tanto en nuestros días— lograr una solución «mixta»?

2) En lo que se refiere a las *organizaciones*, carecería de sentido empeñarse en que su fin sea la felicidad, porque felices son las personas, no los colectivos. Y conviene tener cuidado en este punto, porque en un grupo aparentemente feliz la felicidad puede estar distribuida entre sus miembros de forma bien desigual. La felicidad que importa, pues, es la de cada uno de los individuos y las organizaciones tienen otro tipo de metas.

En efecto, cada organización tiene una meta por la que cobra todo su sentido; de ahí que sea más importante averiguar cuál es su meta, su finalidad, y que sus miembros se esfuercen por alcanzarla, que diseñar un conjunto de reglamentos y normas: el sentido de las actividades viene de sus fines y las reglas sólo pueden fijarse teniendo en cuenta los fines.

El fin de las organizaciones es sin duda un *fin social*, porque toda organización se crea para proporcionar a la sociedad unos *bienes*, en virtud de los cuales queda legitimada su existencia ante la sociedad, y éste es un punto central en la elaboración de un código ético, como veremos en el capítulo 5. A diferencia de las personas, cuya existencia no necesita legitimación, las organizaciones han de proporcionar unos bienes a la sociedad para ser aceptados por ella. Y, lógicamente, en el caso de que no los produzcan, la sociedad tiene derecho a reclamárselos y, por último, a deslegitimarlas.

Estos bienes se obtienen desarrollando determinadas *actividades cooperativas*. Y aquí conviene recordar la distinción entre los bienes *internos* a una actividad cooperativa y los que son externos a ella. Porque cada actividad persigue un tipo de bienes que no se consiguen mediante otras, sino que sólo ella puede proporcionar. Los bienes que procura la actividad empresarial no son los mismos que proporciona la actividad sanitaria, ni tampoco los que se consiguen por medio de la docencia o a través de la política, sino que cada una de ellas produce unos bienes de los que cobra todo su sentido y que son los que la sociedad le reclama, porque existe precisamente para proporcionarlos. Y, como es obvio, también para alcanzarlos unos medios resultan adecuados y otros totalmente inapropiados.

La actividad docente, por ejemplo, se desarrolla para intentar transmitir los saberes que los hombres con esfuerzo hemos ido adquiriendo, de modo que tanto quienes los transmiten como quienes los reciben puedan llevar una vida lo más plena posible. Por su parte, la actividad política cobra su legitimidad social de intentar satisfacer, a través del uso del poder legítimamente adquirido, los intereses universalizables, y no los de determinados sectores; mientras que la actividad sanitaria persigue los bienes que le son propios cuando busca el bien de los pacientes, eliminando la enfermedad y el dolor en la medida de lo posible.

Obviamente, cada organización —universidad, escuela, cuerpo político, hospital— debe producir los bienes que le son propios y no sustituirlos por los ajenos, porque entonces pierde todo su sentido. Por ejemplo, que los universitarios se dediquen a hacer política en la universidad y el personal sanitario en el hospital, y tengan por más importante la conquista y distribución del poder que la transmisión del saber o la eliminación de la enfermedad y el dolor.

Este tipo de desvirtuaciones de las distintas actividades es uno de los factores que ha motivado que en estas instituciones no prime ya la «excelencia», no se busque por todos los medios ayudar a quienes mejor cumplen los fines de la organización, sino que en ocasiones sean los más intrigantes quienes ocupen los puestos de responsabilidad.

A ello contribuye la idea, totalmente desafortunada, de que «democratizar» las instituciones significa tomar en ellas las decisiones por mayoría, de suerte que es la mayoría, y no los más capacitados, la que toma las decisiones. Por eso en este punto es de rigor agradecer a algunas empresas que estén enseñando a las restantes organizaciones a dar los puestos de responsabilidad a los «excelentes», y no a los mediocres e intrigantes.

En estrecha relación con esta advertencia de no sustituir los bienes internos de unas actividades por los de otras, podemos seguir recordando que las distintas actividades producen también unos bienes que llamamos *externos* a ellas, porque no son aquellos que las hacen insustituibles, sino que son comunes a todas o a muchas de ellas. Es el caso del prestigio, el dinero o el poder, que pueden lograrse desde el deporte, el arte, la empresa, la política, la información o la actividad sanitaria, no siendo privativos de ninguna de ellas.

Y puede ocurrir que en una sociedad las diversas actividades en su conjunto se esfuercen por conseguir los bienes externos, porque el deporte, el arte, la docencia, la investigación, la empresa, la política o la información sean únicamente formas de ganar dinero, prestigio y poder. En ese caso la vida humana se empobrece y pierde toda su sustancia, mientras que las actividades se hacen lamentablemente homogéneas al perder sus fines específicos, y las organizaciones pierden su sentido y su rumbo. La resultante es una sociedad *desmoralizada*, baja de forma, baja de moral, con un carácter tan depauperado y débil que es incapaz de responder a los retos vitales con un mínimo de gallardía.

Y ya es curioso que en una sociedad como la nuestra, en la que desde distintos sectores se reclama con toda razón el «derecho a la diferencia», se haya producido una tan lamentable homogeneización de las actividades y las organizaciones. Porque el deporte, el arte o la información se convierten en mercancía que puede ser intercambiada por dinero o por poder, de suerte que en estos mundos el placer de jugar (en el caso del deporte), el de crear (en el del arte), o el de transmitir una información objetiva, se esfuman y no queda sino el negocio. De igual modo, en hospitales y universidades el afán de poder o dinero sustituye en muchas ocasiones a la búsqueda de los bienes internos, que son más bien curar y enseñar.

Para *remoralizar la sociedad* sería necesario entonces que las distintas organizaciones recuperaran el sentido de la actividad que les es propia, que reflexionaran seriamente sobre cuáles son los bienes internos a esa actividad, como también sobre los medios adecuados para actuar en esa dirección. Ésa es la labor que hoy se propondría en primer lugar una *ética de las organizaciones o de las instituciones*.

1.3. *Ética de las organizaciones*

Para diseñar una ética de las organizaciones sería necesario recorrer los siguientes pasos:

1) determinar claramente cuál es el *fin específico*, el *bien interno* a la actividad que le corresponde y por el que cobra su legitimidad social;

2) averiguar cuáles son los *medios* adecuados para producir ese bien y qué valores es preciso incorporar para alcanzarlo;

3) indagar qué *hábitos* han de ir adquiriendo la organización en su conjunto y los miembros que la componen para incorporar esos *valores* e ir forjándose un *carácter* que les permita deliberar y tomar decisiones acertadas en relación con la meta;

4) discernir qué relación debe existir con las distintas actividades y organizaciones,

5) como también entre los bienes internos y externos a ellas.

Pero a todos estos puntos, que constituyen el resumen de cuanto hemos venido diciendo hasta ahora, es preciso añadir al menos dos nuevos.

En efecto, toda organización desarrolla sus actividades en una época determinada, y no puede ni debe ignorar, si quiere ser legítima, que en la sociedad en la que actúa se ha alcanzado un grado determinado de *conciencia moral*, que se refiere no tanto a los *fines* que se persiguen, como a los *derechos* que es preciso respetar y que no puede atropellar con la excusa de que constituyen un obstáculo para sus fines.

A la altura de nuestro tiempo una empresa está obligada a respetar los derechos de sus miembros y los de los consumidores y proveedores, y no puede atropellarlos aduciendo que su meta es lograr un beneficio económico, expresado en la cuenta de resultados. Ciertamente, el fin de la empresa es lograr la satisfacción de necesidades humanas, para lo cual tiene que contar con la obtención de beneficio, pero ni satisfacer tales necesidades puede hacerse a costa de los derechos de los empleados, de algunos consumidores o de los proveedores, ni el beneficio de los miembros de la empresa puede pasar por delante de los derechos de los consumidores. Cualquier organización —y en este caso, la empresa— ha de obtener una *legitimidad social*, y para conseguirlo ha de lograr *a la vez* producir los *bienes* que de ella se esperan y respetar los *derechos* reconocidos por la sociedad en la que vive y los *valores* que esa sociedad comparte.

Por eso, a la hora de diseñar los rasgos de una organización y sus actividades, es imprescindible tener en cuenta, además de los cinco puntos mencionados, los dos siguientes:

6) cuáles son los *valores* de la *moral cívica* de la sociedad en la que se inscribe;

7) qué *derechos* reconoce esa sociedad a las personas. Es decir, cuál es la conciencia moral alcanzada por la sociedad.

Al pensar en el carácter de la organización se produce, por tanto, una interacción entre los valores que surgen de la actividad empresarial y los de la sociedad, entre la ética de la empresa y la ética civil, sin que sea posible prescindir de ninguno de los dos polos sin quedar deslegitimada.

2. *El respeto de los derechos humanos desde una moral crítica (tomar decisiones moralmente justas)*

Ahora bien, de cuanto hemos dicho parece desprenderse que una organización actuará de forma éticamente adecuada cuando persiga inteligentemente sus metas y cuando respete los valores de su sociedad y lo que en ella se consideren derechos, *sean unos u otros cuales fueren*, con tal de seguir sobreviviendo. Con lo cual nuestra exposición haría gala de un pragmatismo conformista, que no busca sino la adaptación al medio social y a los valores en él imperantes con objeto de seguir sobreviviendo a cualquier precio. Sin embargo, en el saber ético no puede entrar la expresión «a cualquier precio», porque hay precios que ni las personas ni las organizaciones pueden pagar, si es que quieren obrar, no ya sólo de una manera *prudente*, sino también *justa*.

Prudencia y *justicia* no siempre son virtudes que entren en conflicto, como querrían ciertos extremistas, pero tampoco puede decirse que caminen siempre de la mano. Y una organización, como una persona, no sólo debe actuar con prudencia, sino también con justicia.

Aprovechar el hecho de que en una determinada sociedad no exista sensibilidad hacia ciertos derechos humanos, incluido el derecho a un medio ambiente sano, no hace justa sin más la decisión de poner en ella en marcha una fábrica sin cuidar de los residuos contaminantes.

Desde este segundo nivel la pregunta ética no es tanto *¿qué debe hacer una persona para ser feliz o una organización para alcanzar sus metas?* como *¿cuándo una y otra tomarán decisiones racionalmente justas?*

Para responder a esta pregunta: 1) no basta con respetar la legalidad vigente, 2) ni siquiera con respetar la conciencia moral alcanzada por una sociedad, sino que 3) es preciso averiguar qué valores y derechos han de ser *racionalmente* respetados; es decir, es preciso encontrar un criterio racional, tarea de la que se ocupa la ética, entendida ahora no ya como un saber que pretende dirigir directamente la acción para forjarse un buen carácter, sino dirigirla indirectamente como filosofía moral.

Aclararemos brevemente en este apartado los dos primeros puntos y dedicaremos al tercero el siguiente apartado.

2.1. Moral crítica y derecho positivo

Para responder a la pregunta: ¿cuándo una persona o una organización tomarán decisiones racionalmente justas? no basta con respetar la legalidad vigente, porque el *derecho* en una sociedad es el conjunto de leyes que han sido promulgadas de forma legítima, según los procedimientos estipulados en ella. Si una norma ha sido promulgada siguiendo los procedimientos legítimos, es ya una norma jurídica y su cumplimiento es legalmente exigible por parte de la autoridad competente.

Sin embargo, que una norma haya sido promulgada según los procedimientos legales no significa ya que sea *justa*, porque puede haber *derecho injusto*. El ejemplo que suele ponerse en estos casos es el del derecho alemán en la época de Hitler, que reunía todos los requisitos para ser derecho y, sin embargo, era injusto en algunas de sus leyes. ¿Cómo se sabía que era injusto y cómo se sabía en qué lo era?

El tribunal de Nürnberg que, acabada la Segunda Guerra Mundial, juzgó y condenó los crímenes del nacionalsocialismo en la cabeza de algunos de sus representantes, no pudo recurrir —como es obvio— al derecho alemán mismo, promulgado por los nacionalsocialistas, sino que apeló al término «crímenes contra la humanidad». Se entendía entonces que existe una suerte de moral universal desde la que pueden condenarse como injustas leyes que en un país están vigentes, y además legalmente vigentes.

Un caso similar ha sido el de la política del *apartheid* en Sudáfrica, que legalmente ha consagrado la discriminación racial, dejando a la población negra en situación inhumana. Aunque los procedimientos seguidos para promulgar esa legislación fueran los correctos, se trataba de una legislación a todas luces injusta.

Por eso conviene distinguir muy bien entre el *derecho positivo*, que está vigente en un país determinado, y una *moral crítica universal* que, desde criterios morales de justicia, puede poner en cuestión y condenar normas vigentes.

Aunque más adelante volveremos a tratar el tema de las relaciones entre ética y derecho, por el momento conviene dejar claro que *el ámbito de una moral crítica es más amplio que el del derecho positivo*. Y que una ética de las organizaciones, que sin duda ha de tener también en cuenta la legalidad vigente, no puede conformarse con ella, sino que ha de recurrir a los principios de una moral crítica.

2.2. *Moral crítica y moral social vigente*

Tampoco es suficiente para tomar decisiones racionalmente justas atender sólo al derecho positivo y a la conciencia moral alcanzada por una sociedad determinada, porque el hecho de que en ella no exista sensibilidad, por ejemplo, hacia determinados derechos humanos, no significa que podemos atenernos tranquilamente a unas convicciones que están por debajo de las convicciones morales generadas por una moral crítica.

En este sentido son un claro ejemplo los objetores de conciencia o los desobedientes civiles y toda suerte de innovadores morales, que ponen en cuestión viejas costumbres y hábitos y pretenden transformarlos a la luz de valores.

Pero más claras han sido todavía las virtualidades de una moral crítica en países, como es el caso de los latinoamericanos, en que la opresión económica y política ha sido legitimada desde unas ideologías morales, que encubrían la opresión. Tanto la teología como la ética de la liberación han denunciado y denuncian cómo los opresores legitiman sus acciones desde la conciencia moral vigente, de modo que pasan por ser moralmente intachables; mientras que aquellos que se rebelan contra la opresión, al no estar respaldados por la ideología moral vigente, pasan por inmorales.

Es bien importante percatarse de cómo intereses espúreos pueden ir generando una especie de moralidad difusa, que hace que sean condenados por inmorales precisamente aquellos que más hacen por la justicia y por los derechos de los hombres. Tenemos en esto una larguísima historia de ejemplos. Por eso, para tomar decisiones justas es preciso atender al derecho vigente, a las convicciones morales imperantes, pero además averiguar qué valores y derechos han de ser racionalmente respetados. Esta indagación nos lleva al tercero de los elementos que hemos apuntado, a la *filosofía moral* o *moral crítica*, que tiene que proporcionarnos algún criterio o algún procedimiento para decidir cuáles son esos valores y derechos.

III. ETICA COMO FILOSOFIA MORAL
(MORAL VIVIDA Y MORAL PENSADA)

La moral y la ética, tal como las hemos descrito hasta ahora, no son un invento de los filósofos, sino que acompañan a la vida de los hombres desde el comienzo, porque todas las civilizaciones se han preguntado cómo llevar una vida buena y cómo ser justos, aunque las respuestas hayan sido distintas. Por decirlo con X. Zubiri y J. L. L. Aranguren, los hombres poseemos una *estructura* moral, aunque los *contenidos* cambien históricamente.

La moral no es, pues, un invento de los filósofos, sino un saber que acompaña desde el origen a la vida de los hombres, aunque haya ido recibiendo distintos contenidos.

Sin embargo, lo que sí han hecho, hacen y deberían hacer los filósofos es reflexionar sobre el hecho de que haya moral, igual que reflexionan sobre la religión, la ciencia o la política. A la parte de la filosofía que reflexiona sobre la moral llamamos «ética» o «filosofía moral» y, como asignatura, aparece en los planes de estudio de distintas facultades y de la enseñanza media. Por eso, aunque los términos «ética» y «moral» signifiquen lo mismo etimológicamente, y aunque en el lenguaje ordinario los empleemos con igual significado, hemos dado en llamar «ética» a la filosofía moral y «moral», a secas, a ese saber que acompaña a la vida de los hombres haciéndoles prudentes y justos. Se trataría de distinguir, como hace Aranguren, entre «moral vivida» (moral) y «moral pensada» (ética).

La ética, como filosofía moral, tiene tres funciones:
1) *aclarar* qué es lo moral, cuáles son sus rasgos;
2) *fundamentar* la moral, es decir, tratar de inquirir cuáles son las razones para que los hombres se comporten moralmente;
3) *aplicar* a los distintos ámbitos de la vida social los resultados de las dos primeras, que es lo que hoy se viene llamando «ética aplicada».

Desde esta perspectiva, *la ética empresarial sería una de las partes de la ética aplicada*, la que se ocupa de la actividad empresarial, en el sentido en que lo hemos hecho hasta ahora.

IV. LAS PARTES DE LA ETICA

En la ética, como filosofía moral, podemos distinguir, pues, ante todo dos partes: la fundamentación y la aplicación.

1. *Fundamentación de la ética*

Esta parte trata de contestar a la pregunta: ¿por qué nos comportamos moralmente?, y son muchas las respuestas que se han dado a lo largo de la historia. Trataremos de dar noticia de las más relevantes.

1.1. *Los hombres son estructuralmente morales*

Según esta primera posición, hay moral porque los hombres, a diferencia de los animales, tienen que justificar sus respuestas al medio. Mientras que los animales responden a los estímulos que les incitan de forma perfectamente ajustada (lo que llamamos «ajustamiento»), los hombres no responden de forma ajustada, sino que pueden elegir entre distintas posibilidades de respuesta, y se ven obligados a *justificar su elección*.

Ésta es la posición de X. Zubiri y J. L. L. Aranguren, que tiene, entre muchos otros méritos, el de conectar la ética con la biología, y el de mostrar cómo los hombres somos *estructuralmente morales*, necesariamente morales: hay hombres inmorales, con respecto a un determinado código moral, pero no existen hombres amorales.

1.2. *Los hombres tienden necesariamente a la felicidad (eudemonismo)*

Desde esta segunda perspectiva, puesto que los hombres tienden necesariamente a la *felicidad* y son seres dotados de razón, se comporta racionalmente quien aprende a deliberar bien sobre los medios más adecuados para lograr ser feliz. La felicidad no puede elegirse porque ya viene dada por naturaleza, pero los medios sí pueden elegirse, y ése es el terreno de lo moral.

Éste es el modo de fundamentación que defienden los aristotélicos, acogiéndose a la *Ética a Nicómaco*. Aunque Aristóteles no pretendía fundamentar la moral, su obra permite diseñar una fundamentación como la descrita.

1.3. *Todos los seres vivos buscan el placer (hedonismo)*

Según los hedonistas, puesto que, como muestra la más elemental de las psicologías, todos los seres vivos buscan el *placer* y huyen del dolor, tenemos que reconocer como primera premisa que el móvil del comportamiento animal y del humano es el placer. La moral es entonces el tipo de saber que nos invita a *perseguir la mayor felicidad del mayor número po-*

sible de seres vivos, a calcular las consecuencias de nuestras decisiones, teniendo por meta la mayor felicidad del mayor número.

Se denomina «hedonistas» a los defensores de esta posición, que nace en Grecia de la mano de Epicuro. Pero a partir de la Modernidad la más relevante de las posiciones hedonistas en ética es el llamado «utilitarismo», que utiliza la máxima de la mayor felicidad del mayor número como criterio para decidir ante dos cursos alternativos de acción. Como para hacer ese cálculo es preciso tener en cuenta las *consecuencias* de cada uno de los cursos de acción y valorarlos desde la perspectiva del placer que proporciona cada uno de ellos, se denomina a este tipo de ética *teleológica* o *consecuencialista*, y se le suele contraponer a las éticas llamadas *deontológicas*, que se preocupan ante todo del deber y de las normas que nacen del respeto a determinados derechos de los hombres.

Los representantes clásicos del utilitarismo son autores como J. Bentham, J. S. Mill (con su libro *El Utilitarismo*), y H. Sigdwick; y en nuestros días sigue vigente sobre todo en el mundo anglosajón.

1.4. *Autonomía y dignidad humana (kantismo)*

Una cuarta posición defiende que, aunque todos los seres vivos tiendan al placer, no es ésta la cuestión moral por excelencia, sino más bien la de qué seres tienen *derecho* a ser *respetados*, qué seres tienen *dignidad* y no pueden ser tratados como simples mercancías y, por tanto, qué *deberes* han de cumplirse en relación con ellos.

Entre todos los seres existentes —afirman los defensores de esta posición— sólo los hombres tienen dignidad, porque sólo ellos son libres. Pero no sólo son libres porque pueden elegir, sino porque son *autónomos*: porque pueden regirse por sus propias leyes. *El fundamento de la moral es entonces la autonomía de los hombres*, el hecho de que pueden darse leyes a sí mismos, que son, por tanto, válidas para todos ellos. De ahí que consideremos como exigencias morales aquellas que cada hombre querría para toda la humanidad.

Estas éticas, que consideran como elemento moral por excelencia los *deberes* que surgen de considerar a los hombres como sujetos de derechos, se suelen denominar —como dijimos— *deontológicas*, en contraste con las teleológicas, que ven en el cálculo de las consecuencias el momento moral central.

Quien por vez primera defendió esta posición ética deontológica fue I. Kant en su obra *Fundamentación de la metafísica de las costumbres* y, aparte del gran número de kantianos que ha habido y hay en ética, su afirmación de que *los seres racionales son fines en sí mismos, tienen un valor absoluto y no pueden ser tratados como simples medios*, es defendida por todas las éticas actuales, y constituye el fundamento de la idea de *dignidad humana*, que es a su vez fundamento de los derechos humanos.

1.5. *Todos los hombres son interlocutores válidos (ética del diálogo)*

Siguiendo la tradición kantiana, un buen número de autores propone desde los años setenta reconocer que la razón humana es *dialógica* y que, por tanto, no se puede decidir qué normas son morales si no es a través de un diálogo que se celebre entre todos los afectados por ellas y que llegue a la convicción por parte de todos de que las normas son correctas. Esta posición recibe indistintamente los nombres de *ética dialógica, ética comunicativa* o *ética discursiva*, son sus creadores K. O. Apel y J. Habermas, y tiene hoy en día seguidores en un buen número de países.

Desde su perspectiva, es posible establecer una distinción entre dos tipos de racionalidad que pueden utilizar los interlocutores de un diálogo: la racionalidad *comunicativa*, de que hace uso quien considera a los afectados por una norma como interlocutores perfectamente legitimados para exponer sus intereses y para ser tenidos en cuenta de modo significativo en la decisión final, de modo que la meta del diálogo es llegar a un acuerdo que satisfaga los intereses de todos los afectados por ella; y la *racionalidad estratégica*, de que hace uso quien considera a los demás interlocutores como medios para sus propios fines y se plantea el diálogo, por tanto, como un juego, en el que trata de intuir qué jugadas pueden hacer los demás para preparar la suya y ganarles.

La distinción entre racionalidad comunicativa y estratégica será de gran interés a la hora de construir una *ética de la empresa*, así como la mayor parte de las éticas aplicadas, porque se suele entender que la empresa debe regirse por la *racionalidad estratégica*, dirigida a obtener el máximo beneficio, mientras que el momento moral es el de la *racionalidad comunicativa*, pareciendo entonces que empresa y ética son incompatibles. Sin embargo, como veremos en capítulos posteriores (sobre todo, el 3 y el 4), cualquier ética aplicada —también la empresarial— debe recurrir a *los dos tipos de racionalidad*, porque ha de contar a la vez con estrategias y con una comunicación por la que consideramos a los demás afectados como interlocutores válidos.

La ética discursiva es, en principio, *deontológica* porque no se ocupa directamente de la felicidad ni de las consecuencias, sino de mostrar cómo la razón humana sí ofrece un *procedimiento para decidir qué normas son moralmente correctas*: entablar un diálogo entre todos los afectados por ellas que culmine en un acuerdo, no motivado por razones externas al diálogo mismo, sino porque todos están convencidos de la racionalidad de la solución. Lo que sucede es que la ética discursiva reconoce expresamente que cuando *aplicamos* este procedimiento en los diálogos concretos, es preciso tener en cuenta las *consecuencias* de dar por correcta una norma u otra. De suerte que es la suya una posición deontológica que exige tener en cuenta las consecuencias en el momento de la aplicación.

De cuanto venimos diciendo se sigue que en el ámbito moral, atendiendo a *diversas tradiciones éticas*, podríamos distinguir los siguientes *tipos de racionalidad moral*:

TIPOS DE RACIONALIDAD	CARACTERISTICAS
Prudencial (tradición aristotélica)	1. El ámbito moral es el de la racionalidad que delibera en condiciones de incertidumbre sobre los medios más adecuados para alcanzar un fin. 2. El fin último (la felicidad) es lo que conviene a un hombre en el conjunto de su vida. 3. Las normas han de aplicarse a los casos concretos, ponderando los datos contextuales.
Calculadora (tradición utilitarista)	1. El ámbito moral es el de la maximización de la utilidad para todos los seres sentientes: buscar la mayor felicidad del mayor número. 2. Acción máximamente racional: la racional-teleológica. 3. Los derechos humanos son convenciones útiles.
Práctica (tradición kantiana)	1. El ámbito moral es el del respeto a aquello que es absolutamente valioso: el ser humano. 2. No todo es mercancía que puede intercambiarse por un precio: el ser humano no tiene precio, sino *dignidad*. 3. Los derechos humanos son exigencias racionales innegociables: con ellos no se puede comerciar.
Comunicativa (tradición dialógica)	1. Todo ser dotado de competencia comunicativa es un interlocutor válido (factor incondicionado). 2. Las normas morales son válidas según las consecuencias que tengan para los afectados por ellas (momento consecuencialista). 3. Siempre que satisfagan intereses universalizables (factor incondicionado).

2. *Ética aplicada*

La ética aplicada tiene por objeto, en principio, como su nombre indica, aplicar los resultados obtenidos en la parte de fundamentación a los distintos ámbitos de la vida social: a la política, la economía, la empresa, la medicina, la ecología, etc. Porque si al fundamentar hemos descubierto unos principios éticos, la tarea siguiente consistirá en averiguar cómo pueden orientar esos principios los distintos tipos de actividad.

Es decir, tendremos que averiguar de qué modo pueden ayudarnos a tomar decisiones la máxima utilitarista de lograr el mayor placer del mayor número, el imperativo kantiano de tratar a los hombres como fines en sí mismos y no como simples medios o el mandato dialógico de no tener por correcta una norma si no la deciden todos los afectados por ella, tras un diálogo celebrado en condiciones de simetría.

La ética de la empresa es, en este sentido, una parte de la ética aplicada, como lo es toda ética de las organizaciones y de las profesiones, y tiene que reflexionar sobre cómo aplicar los principios mencionados a la actividad empresarial.

Sin embargo, esto no basta, porque la aplicación no puede consistir simplemente en tomar unos principios generales y aplicarlos a todos los campos, como si cada uno de ellos no tuviera su especificidad. Como si la actividad empresarial fuera igual que la sanitaria o la docente, y ninguna de ellas aportara por sí misma ningún tipo de exigencias morales y valores morales. Por eso la tarea de la ética aplicada no consiste sólo en la aplicación de los principios generales, sino en averiguar a la vez *cuáles son los bienes internos* que cada una de estas actividades debe proporcionar a la sociedad, qué *metas* debe perseguir, por tanto, cada una de ellas, y qué *valores* y *hábitos* es preciso incorporar para alcanzarlas.

Por último, también una ética aplicada a las organizaciones tiene que tener en cuenta la moral cívica de la sociedad en la que se desarrolla, y que ya reconoce determinados valores y derechos como compartidos por ella.

La fundamentación filosófica, por tanto, puede proporcionar aquel criterio racional que pedíamos al final del apartado anterior, pero éste no puede aplicarse sin tener en cuenta la peculiaridad de la actividad a la que quiere aplicarse —en nuestro caso, la empresa— y la moral civil de la sociedad correspondiente.

La ética empresarial es, por tanto, una parte de la ética aplicada, pero también una parte de la ética cívica, que vamos a comentar a continuación.

BIBLIOGRAFIA

Aranguren J. L. L.: *Ética*, Alianza, Madrid; y en *Obras completas*, 2, Trotta, Madrid, 1994.
Aristóteles: *Ética a Nicómaco.*
Cortina, A.: *Ética sin moral*, Tecnos, Madrid, 1990.
—: *Ética mínima*, Tecnos, Madrid, 1986.
Kant, I.: *Fundamentación de la metafísica de las costumbres*, FCE, Madrid.
MacIntyre, A.: *Tras la Virtud*, Crítica, Barcelona, 1987.
Mill, J. S.: *El Utilitarismo*, Alianza, Madrid.
Zubiri, X.: *Sobre el Hombre*, Revista de Occidente, Madrid.

Capítulo 2

LA ETICA EMPRESARIAL EN EL CONTEXTO DE UNA ETICA CIVICA

I. UNA PRIMERA APROXIMACION A LA ETICA CIVICA

Hace algunos años el médico y filósofo español Pedro Laín Entralgo caracterizaba la ética cívica como aquella que

> cualesquiera que sean nuestras creencias últimas (una religión positiva, el agnosticismo o el ateísmo), debe obligarnos a colaborar lealmente en la perfección de los grupos sociales a los que de tejas abajo pertenezcamos: una entidad profesional, una ciudad, una nación unitaria o, como empieza a ser nuestro caso, una nación de nacionalidades y regiones. Sin un consenso tácito entre los ciudadanos acerca de lo que sea esencialmente esa perfección, la moral civil no parece posible.

Cuando Pedro Laín escribió estas palabras había pasado poco tiempo desde que se promulgó la Constitución española de 1978, que, entre otras cosas, proclamaba la libertad religiosa, y este hecho había producido en nuestro país un gran desconcierto en el terreno moral, desconcierto que nuestro autor quería ayudar a disolver de alguna manera. ¿De qué se trataba?

Aunque a lo largo de este capítulo confiamos en ir dando respuesta detallada a esta pregunta, avanzaremos desde el comienzo una breve contestación.

II. EL HECHO DEL PLURALISMO MORAL

Con anterioridad a la Constitución de 1978 España era un Estado confesional, lo cual tenía claras repercusiones, no sólo políticas y sociales, sino también en el modo de comprender la religión y la moral.

En lo que se refiere a la moral, una buena parte de la población venía entendiéndola como una parte de la religión. En definitiva —se pensaba— si la ética quiere indicarnos qué carácter o estilo de vida hemos de asumir para ser felices, nadie puede descubrírnoslo mejor que Dios mismo que nos ha creado. Y en lo que respecta a esos deberes que suelen denominarse «morales» y que se imponen a la conciencia de cada hombre, ¿qué autoridad tienen tales deberes para exigir su cumplimiento? *¿Dónde se fundamenta la obligación moral si no es en la voluntad de Dios?*

Se creía, por tanto, desde estas perspectivas que la moral debía quedar asumida en la religión, se tomara como saber para forjar un estilo de vida o para llegar a decisiones justas. Y en este sentido, debía dividirse en dos partes: la *ética individual*, que se refería a los deberes y virtudes que un individuo debe asumir para alcanzar su perfección, y la *ética social*, preocupada por las relaciones que los hombres entablan entre sí en la familia, en el trabajo y en la vida política.

Las cuestiones referentes al mundo económico, como es el caso de la legitimidad de la propiedad, el precio y el salario justos o el valor del trabajo, debían formar parte de la ética social que, a su vez, constituía una aplicación de la verdad revelada al mundo económico realizada por el magisterio de la Iglesia. Las cuestiones empresariales quedaban, pues, englobadas en la ética social, que era, a su vez, una parte aplicada de la religión; sin embargo, hay que reconocer que el poder político siempre fue más proclive a atender a la Iglesia en cuestiones de moral individual que en cuestiones de moral social. En cualquier caso, la ética aparecía como parte de la religión y como fundamentada exclusivamente en ella.

¿Podía un no creyente tener conciencia de estas cuestiones morales? Desde esta concepción de lo moral el no creyente se encontraba en una situación compleja a este respecto: por una parte se suponía que todos los hombres están dotados de una razón natural que les permite tener conciencia de las obligaciones morales, pero, por otra, el no creyente ya no podía encontrar un fundamento por el que fuera obligatorio cumplir esos deberes. De donde se seguía que a la pregunta que el común de las gentes tiene como clave en lo que respecta a la fundamentación de lo moral («¿por qué debo cumplir determinados mandatos, que no son jurídicos, políticos o sociales, sino que interpelan a mi conciencia sin saber cuál es su origen?»), el no creyente no pudiera —desde esta perspectiva— responder sino con el silencio. Y como es humano tratar de averiguar las razones por las que nos sentimos obligados a hacer algo, era razonable suponer que el no creyente acabara dejando de sentirse interpelado por lo moral, al carecer de razones para obedecerlo.

No es de extrañar que desde esta concepción de la ética como parte de la religión que tiene su fundamento en ella —concepción compartida por buena parte de la población española—, el reconocimiento de la libertad religiosa resultara verdaderamente desconcertante. Porque mientras el Estado fue confesional, los españoles compartían oficialmente un código moral llamado «nacionalcatólico», pero si el Estado ya no era confesional, si ya no podía decirse que todos los españoles compartían la misma fe religiosa, ¿quedaba algún fundamento racional para seguir presentando a todos los ciudadanos exigencias morales, o era preciso reconocer con el personaje de Dostoievski, Ivan Karamazov, que «si Dios no existe, todo está permitido»?

Aunque un sector de la población creyera que la respuesta a esta pregunta debía ser afirmativa, es decir, que la sociedad ya no podía compartir valores morales porque no compartía su fundamentación religiosa, lo bien cierto es que andaban desacertados, porque al código moral nacionalcatólico no siguió el «todo vale» en materia moral, no siguió el vacío moral, sino el *pluralismo*, que sólo es posible por una *moral cívica*, que en realidad ya había ido abriéndose paso.

El reconocimiento de la libertad religiosa no venía sino a legitimar lo que ya existía de hecho: que en España hay un pluralismo moral, y que el pluralismo sólo puede fomentarse si existen unos *mínimos morales compartidos*. A esos mínimos llamamos «moral cívica» y es a la que se refería Pedro Laín con la caracterización que hemos expuesto al comienzo del capítulo. Este tipo de moral nació con la Modernidad y es uno de los factores que hoy nos permite hablar de una ética empresarial, como también de una ética médica, ecológica, y de las distintas instituciones y profesiones, porque si en una sociedad no existe un núcleo de valores morales compartidos, ¿cómo vamos a poder exigir moralidad a cada uno de los sectores de esa sociedad y a proponer proyectos comunes?

III. EL NACIMIENTO DE LA ETICA CIVICA

La ética cívica es relativamente reciente, porque nace en los siglos XVI y XVII a partir de una experiencia muy positiva: la de que es posible la convivencia entre ciudadanos que profesan distintas concepciones religiosas, ateas o agnósticas, siempre que compartan unos valores y unas normas mínimas.

Las guerras de religión habían sido especialmente crueles en Europa y habían manifestado con su crueldad lo nefasto de la intransigencia de quienes son incapaces de admitir que alguien piense de manera distinta. Claro que, como es bien sabido, las razones últimas de tales contiendas no siempre fueron religiosas, sino que en la mayor parte de los casos fueron razones políticas, económicas o provocadas por la psicología de personajes poderosos, pero estos diferentes factores se sirvieron de las cosmovisiones religiosas para condenar espiritual y físicamente a los adversarios, con la pretensión de impedir a toda costa el pluralismo.

Precisamente la experiencia del pluralismo nace con la de una incipiente ética cívica, porque la ética cívica consiste en ese mínimo de valores y normas que los miembros de una sociedad moderna comparten, sean cuales fueren sus cosmovisiones religiosas, agnósticas o ateas, filosóficas, políticas o culturales; mínimo que les lleva a comprender que la convivencia de concepciones diversas es fecunda y que cada quien tiene perfecto derecho a intentar llevar a cabo sus proyectos de felicidad, siempre que no imposibilite a los demás llevarlos también a cabo. Ésta es la razón por la que consideramos a la ética cívica como una ética moderna de mínimos.

IV. CARACTERISTICAS DE LA ETICA CIVICA

1. *Ética de mínimos*

Que la ética cívica es una ética de mínimos significa que lo que comparten los ciudadanos de una sociedad moderna no son determinados proyectos de felicidad, porque cada uno de ellos tiene su propio ideal de vida buena, dentro del marco de una concepción del mundo religiosa, agnóstica o atea, y ninguno tiene derecho a imponerla a otros por la fuerza. Las concepciones religiosas, agnósticas o ateas del mundo que propongan un modelo de vida feliz constituyen lo que llamamos «éticas de máximos», y en una sociedad verdaderamente moderna son plurales; por eso podemos hablar en ellas de un *pluralismo moral.*

Una *sociedad pluralista* es, entonces, aquella en la que conviven personas y grupos que se proponen distintas éticas de máximos, de modo que ninguno de ellos puede imponer a los demás sus ideales de felicidad, sino que, a lo sumo, les invita a compartirlos a través del diálogo y el testimonio personal. Por el contrario, es *totalitaria* una sociedad en la que un grupo impone a los demás su ética de máximos, su ideal de felicidad, de suerte que quienes no la comparten se ven coaccionados y discriminados.

Sin embargo, «pluralismo» no significa que no haya nada en común, sino todo lo contrario. Precisamente el pluralismo es posible en una sociedad cuando sus miembros, a pesar de tener ideales morales distintos, tienen también en común unos mínimos morales que les parecen innegociables, y que no son compartidos porque algún grupo los haya impuesto por la fuerza a los restantes, sino porque los distintos sectores *han ido llegando motu proprio* a la convicción de que son los valores y normas a los que una sociedad no puede renunciar sin hacer dejación de su humanidad.

2. *Ética de ciudadanos, no de súbditos*

Precisamente porque es un tipo de convicción al que nos lleva la experiencia propia o ajena, pero sin imposición, la ética cívica sólo ha sido posible en formas de organización política que sustituyen el concepto de *súbdito* por el de *ciudadano.* Porque mientras se considere a los miembros de una comunidad política como *súbditos*, como *subordinados* a un poder superior, resulta difícil —por no decir imposible— pensar que tales súbditos van a tener capacidad suficiente como para poseer convicciones morales propias en lo que respecta a su modo de organización social. Lo fácil es pensar en ellos como menores de edad, también moralmente, que necesitan del paternalismo de los gobernantes para poder llegar a conocer qué es lo bueno para ellos.

3. *Ética de la Modernidad*

Por eso el célebre escrito kantiano *¿Qué es la Ilustración?* nos presenta esta época como la entrada de los hombres en la mayoría de edad, en virtud de la cual ya no quieren dejarse guiar «como con andadores» por autoridades que no se hayan ganado su crédito a pulso, sino que quieren orientarse por su propia razón. *Sapere aude!* es, según el escrito kantiano, la divisa de la Ilustración: «¡atrévete a servirte de tu propia razón!». El paternalismo de los gobernantes va quedando desde estas afirmaciones deslegitimado y en su lugar entra el concepto moral de *autonomía*, porque aunque la ética y la política no se identifican, están estrechamente relacionadas entre sí, como lo están también con la religión y el derecho, de suerte que un tipo de conciencia política —como es la idea de *ciudadanía*— está estrechamente ligado a un tipo de conciencia moral —como es la idea de *autonomía*.

V. CONTENIDOS MINIMOS DE UNA ETICA CIVICA

1. *Los valores de libertad, igualdad y solidaridad*

Desde la Ilustración nace, pues, la idea de que los hombres son individuos autónomos, capaces de decidir por sí mismos cómo desean ser felices y también capaces de darse a sí mismos sus propias leyes. De ahí que no haya poder alguno legitimado para imponerles modos de conducta si ellos no le han reconocido la autoridad para hacerlo, con lo cual no se trata entonces de una imposición, sino de un reconocimiento voluntario. Por eso en el ámbito político los hombres van dejando de considerarse como súbditos, como subordinados, para pasar a convertirse en *ciudadanos*, lo cual significa que nadie está legitimado para imponerles un ideal de felicidad, y que las decisiones que se tomen en su comunidad política no pueden tomarse sin su consentimiento.

La ética cívica nace entonces de la convicción de que los hombres somos *ciudadanos* capaces de tomar decisiones de un modo moralmente *autónomo* y, por tanto, de tener un conocimiento suficientemente acabado de lo que consideramos bueno como para tener ideas moralmente adecuadas sobre cómo organizar nuestra convivencia, sin necesidad de recurrir a los proyectos de autoridades impuestas. No es, pues, de extrañar que el primero de los valores que componen nuestra ética cívica sea el de *autonomía* moral con su trasunto político de *ciudadanía*, ni tampoco que a ellos acompañe la noción de *igualdad*.

«Igualdad» en este contexto no significa «igualitarismo», porque una sociedad en que todos los hombres fueran iguales en cuanto a contribución, responsabilidades, poder y riqueza es imposible de alcanzar si no es a través de una fuerte dictadura, que es justo lo contrario de la autonomía que acabamos de reconocer. «Igualdad» significa aquí lograr para todos iguales oportunidades de desarrollar sus capacidades, corrigiendo las desigualdades naturales y sociales, y ausencia de dominación de unos hombres por otros, ya que todos son iguales en cuanto autónomos y en cuanto capacitados para ser ciudadanos.

La célebre afirmación del *Cantar del mío Cid*, «Dios qué buen vasallo si hubiese buen señor», pierde en nuestra ética cívica todo su sentido, porque un hombre no debe ser vasallo, no debe estar sometido a un señor, sino ser autónomo y ciudadano, y en esto todos los hombres son iguales. De ahí que sea obligatorio para una sociedad que reconozca estos valores promover una igualación material y cultural de las personas, que les permita verdaderamente realizarse en su autonomía.

Libertad —o autonomía— e *igualdad* son —como recordamos— los dos primeros valores que acogió como suyos aquella Revolución Francesa de 1798, de la que surgió la *Declaración de los derechos del hombre y del ciudadano*. Y son efectivamente dos de los valores que componen el contenido de la ética cívica. El tercero es la *fraternidad*, que con el tiempo las tradiciones socialistas, entre otras, transmutaron en *solidaridad*, un valor que es necesario encarnar si de verdad creemos que es una meta común la de conseguir que todos los hombres se realicen igualmente en su autonomía.

Ahora bien, los valores pueden servir de guía a nuestras acciones, pero para encarnarlos en nuestras vidas y en las instituciones necesitamos concretarlos, y podemos considerar a los derechos humanos en sus distintas generaciones como concreción de estos valores que componen la ética cívica.

2. Los derechos humanos

Como es sabido, los derechos humanos reciben el nombre de *derechos morales* porque, aunque son la clave del derecho positivo, no forman parte de él (no son «derechos legales»), sino que pertenecen al ámbito de la moralidad, en el que el incumplimiento de lo que debe ser no viene castigado con sanciones externas al sujeto y prefiguradas legalmente. Por eso decimos que forman parte de la ética cívica, concretando en sus distintas generaciones los valores de libertad, igualdad y solidaridad.

En efecto, la idea de libertad es la que promueve los derechos de la llamada *primera generación*, es decir, los derechos civiles y políticos, que resultan inseparables de la idea de ciudadanía. Es el liberalismo de los orígenes, desde autores como John Locke, el que defiende estos derechos y no ve mayor razón para crear la sociedad civil que la defensa de tales derechos. En definitiva, el Estado no tiene más tarea que la de proteger los derechos civiles y políticos de sus ciudadanos.

Las tradiciones socialistas, por su parte, ponen en cuestión que tales derechos puedan respetarse si no vienen respaldados por unas seguridades materiales, y de ahí que la aspiración a la *igualdad* sea la que guíe el reconocimiento de la *segunda generación* de derechos: los derechos económicos, sociales y culturales. Estas dos tradiciones han sido ya reconocidas explícitamente por las Naciones Unidas en la Declaración del año 1948.

Por lo que hace a la llamada *tercera generación*, que todavía no ha sido recogida en Declaraciones internacionales, viene guiada por el valor de la *solidaridad*, ya que se refiere a un tipo de derechos que no puede ser respetado si no es por medio de la solidaridad internacional. Me refiero al derecho a la paz, o derecho a vivir en una sociedad en paz, y al derecho a un medio ambiente sano. Ambos derechos son imposibles de respetar sin solidaridad universal, porque aunque individuos, grupos de individuos o naciones determinadas trataran de fomentar una convivencia pacífica y de procurar un medio ambiente sano, sin un acuerdo y una acción internacionales es imposible alcanzar estas metas. Ciertamente los dos derechos mencionados todavía no han sido expresamente reconocidos en declaraciones internacionales, pero forman parte ya de la conciencia moral social de los países con democracia liberal: forman parte de su ética cívica.

Lo cual significa que, aunque la legislación de un determinado país no recogiera normas en torno a la fabricación y tráfico de armas o en torno a la contaminación, la *conciencia moral cívica* de los países desarrollados sí que repudia un tipo de acciones semejantes, de lo que se sigue que quien fabricara armas o traficara con ellas, o quien no hiciera nada por evitar residuos contaminantes, estaría actuando de forma inmoral, aunque en ese país concreto su acción no fuera ilegal. Porque una cosa es la moralidad y otra la legalidad.

3. *La tolerancia activa*

Naturalmente, resulta imposible la convivencia de diferentes proyectos de vida feliz si quienes los persiguen no son tolerantes con aquellos que tienen un ideal de felicidad distinto, de ahí que la ética cívica fuera naciendo al calor de distintos escritos sobre la tolerancia, como una actitud sumamente valiosa.

Ahora bien, la tolerancia puede entenderse sólo en un sentido pasivo, es decir, como una predisposición a no inmiscuirse en los proyectos ajenos por simple comodidad; o bien en un sentido activo, como una predisposición a respetar proyectos ajenos que pueden tener un valor, aunque no los compartamos. La tolerancia pasiva no sirve de base para construir un mundo juntos: para construir hace falta tolerancia activa.

4. *Un* êthos *dialógico*

La idea de tolerancia activa, junto con los otros valores que hemos mencionado y el respeto a los derechos humanos, se expresan de forma óptima en la vida social a través de un tipo de actitud, que llamaremos la actitud o el *êthos dialógico*. Êthos que conviene potenciar, porque quien adopta semejante actitud a la hora de intentar resolver los conflictos que se plantean en su sociedad, si la adopta en serio, muestra con ello que tiene a los demás hombres y a sí mismo como seres autónomos, igualmente capaces de dialogar sobre las cuestiones que les afectan, y que está dispuesto a atender a los intereses de todos ellos a la hora de tomar decisiones. Lo cual significa que toma en serio su autonomía, le importa atender igualmente a los derechos e intereses de todos, y lo hace desde la solidaridad de quien sabe que «es hombre y nada de lo humano puede resultarle ajeno».

Naturalmente cada quien llevará al diálogo sus convicciones y más rico será el resultado del mismo cuanto más ricas las aportaciones que a él se lleven, pero a ello ha de acompañar el respeto a todos los interlocutores posibles como actitud básica de quien trata de respetar la autonomía de todos los afectados por las decisiones desde la solidaridad.

Éste es sin duda el mejor modo de conjugar dos posiciones éticas, que algunos autores tienen por difíciles de conciliar: *el universalismo* y *el respeto a la diferencia*. Creen estos autores que el respeto a la diferencia nos lleva a una situación en que no puede defenderse ningún valor con pretensiones de universalidad, porque entonces ahogaríamos la diferencia. Y, sin embargo, es justo lo contrario: sólo si reconocemos que la autonomía de cada hombre tiene que ser universalmente respetada, podremos exigir que se respeten sus peculiaridades, y la forma de hacerlo será a través de diálogos en los que cada quien exprese tales peculiaridades desde la unidad que supone saberse al menos mínimamente entendido y máximamente respetado.

VI. LA ETICA EMPRESARIAL EN EL CONTEXTO DE UNA ETICA CIVICA

1. *No es posible una ética empresarial sin una ética cívica*

Los valores de libertad, igualdad y solidaridad, concretados en los derechos humanos, el valor de la tolerancia activa, así como la imposibilidad de proponer a otros el propio ideal de vida si no es a través del diálogo y el testimonio, componen por el momento el caudal de la ética cívica en las sociedades con democracia liberal.

Lo cual no significa tanto que todas las personas que viven en estas sociedades están de acuerdo en esos valores y derechos, como que las instituciones y organizaciones de tales sociedades cobran su sentido de protegerlos y defenderlos. Por eso todas ellas han de impregnarse de los mencionados valores, respetar y promocionar los derechos morales, e incorporarlos a su quehacer cotidiano, ya que, en caso contrario, quedan moralmente deslegitimadas. Podemos, pues, decir que precisamente porque la ética de las instituciones cívicas ha alcanzado el nivel descrito, es posible una ética de la empresa como la que comentaremos en capítulos posteriores.

Sin embargo, con esto todavía no hemos analizado todo el contenido de la ética cívica, sino sólo los elementos comunes a todas las posibles organizaciones. Pero como cada organización debe encarnar valores y respetar derechos *atendiendo a la especificidad de su actividad y de lo que hemos llamado sus bienes internos*, la moral cívica será enormemente plural y heterogénea, porque tendrá que contar, no sólo con los mínimos comunes, sino también con los valores que resulten de la modulación de los mínimos en las distintas actividades.

Por poner algún ejemplo, en el ámbito de la *Bioética*, que nació en los años setenta, el principio básico del trato igual a todos los seres humanos, puesto que todos merecen igual consideración y respeto, ha ido generando en la comunidad sanitaria tres principios morales internacionalmente compartidos, que se conocen como principio de beneficencia, autonomía y justicia. El personal sanitario —podríamos decir de forma resumida— debe proponerse con su actividad el bien del paciente, respetando su autonomía y teniendo en cuenta que la distribución de recursos escasos tiene implicaciones de justicia en la sociedad, que van más allá de la relación personal sanitario-paciente. Orientar la actividad sanitaria por unos principios semejantes supone adquirir unas virtudes que serán peculiares de esta actividad, aunque algunas de ellas serán comunes a otros tipos de ejercicio. ¿Qué rasgos son peculiares de la actividad empresarial?

La meta de la *actividad empresarial* es la *satisfacción de necesidades humanas* a través de la puesta en marcha de un capital, del que es parte esencial el capital humano —los recursos humanos—, es decir, las capacidades de cuantos cooperan en la empresa. Por tanto, el bien interno de la actividad empresarial consiste en lograr satisfacer esas necesidades y, de forma inseparable, en desarrollar al máximo las capacidades de sus colaboradores, metas ambas que no podrá alcanzar si no es *promocionando valores de libertad, igualdad y solidaridad desde el modo específico en que la empresa puede y debe hacerlo*.

Es en este sentido en el que la recién nacida *ética de la empresa* tiene por valores irrenunciables la *calidad* en los productos y en la gestión, la *honradez* en el servicio, el *mutuo respeto* en las relaciones internas y externas a la empresa, la *cooperación* por la que conjuntamente aspiramos a la calidad, la *solidaridad al alza*, que consiste en explotar al máximo las propias capacidades de modo que el conjunto de personas pueda beneficiarse de ellas, la *creatividad*, la *iniciativa*, el espíritu de *riesgo*.

Como veremos en capítulos próximos, si las empresas no asumen este estilo, mal lo tienen para sobrevivir en estos tiempos, pero en el presente capítulo queremos más bien recordar que si quienes desarrollan actividades empresariales, sanitarias, políticas o docentes no están dispuestos a vivir según los valores que les son propios, entonces tampoco será posible al cabo mantener en alza la moral de la sociedad en su conjunto.

2. *No es posible una ética cívica sin una ética empresarial*

En efecto, en la vida cotidiana escuchamos críticas constantes a la inmoralidad de políticos, periodistas, empresarios, etc., críticas que nos llevan a decir en último término que es imposible ser político, periodista o empresario y a la vez comportarse de una forma éticamente correcta. Ahora bien, si esto fuera cierto, entonces tendríamos que reconocer que es imposible participar en cualquiera de las organizaciones y actividades ciudadanas sin ser inmoral, con lo cual sucedería: *a)* que la vida humana se asienta sobre la inmoralidad constante —ya que todos vivimos de esas organizaciones—, y *b)* que no habría ninguna ética cívica, porque mal puede haberla si la estructura de todos los sectores los hace necesariamente inmorales.

Por eso, si queremos una sociedad alta de moral, es indispensable que las distintas organizaciones se apresten a remoralizarla, a poner «en forma» sus peculiares actividades, ya que estamos en el tiempo de las responsabilidades y no sólo de las exigencias.

VII. FUNCIONES DE UNA ETICA CIVICA

Estos mínimos éticos de los que hemos hablado son los que nos permiten, además de llevar adelante una convivencia enriquecedora, realizar otras dos tareas: 1) criticar por inmoral el comportamiento de personas e instituciones que violan tales mínimos, y 2) diseñar desde un esfuerzo conjunto las instituciones y organizaciones de nuestra sociedad, como es el caso de las empresas. Porque ¿cómo es posible criticar determinadas actuaciones o crear organizaciones legitimadas socialmente, si no hay convicciones morales compartidas desde las cuales hacerlo?

En efecto, en lo que se refiere a las críticas, es innegable que en nuestra sociedad se producen fuertes críticas de inmoralidad contra determinadas conductas, como puede ser en política la corrupción y el tráfico de influencias; en el mundo empresarial, la adulteración de productos, la publicidad engañosa, la baja calidad; en el mundo financiero, la falta de transparencia, los manejos, la falta de compasión por el débil. ¿Qué sentido tiene criticar si partimos de la base de que no hay convicciones morales comunes? ¿No me puede responder aquel a quien critico que esa es mi convicción moral, pero que él tiene otras, igualmente respetables?

No parece, pues, que todo sea tan opinable y subjetivo como algunos quieren suponer, sino que *sí que existen en moral exigencias y valores comunes, sobre la base de los cuales es posible argumentar y llegar a acuerdos.*

Naturalmente se puede aducir que estas críticas no son morales, sino legales: que un Estado de Derecho se mueve dentro de los límites de un marco legal, y que lo que está prohibido es lo que ese marco de leyes prohíbe. De modo que, aunque los ciudadanos no compartan ninguna convicción moral, no tienen más remedio que atenerse a las leyes que todos hemos convenido en aceptar, porque, en caso contrario, serán sancionados por la autoridad competente. Si esto fuera cierto, a la hora de tomar decisiones, políticos, empresarios, médicos, docentes y los restantes cuerpos sociales, tendrían bastante con atender a dos referentes normativos, que pondrían límite a conductas deshonestas: el *derecho*, la legalidad vigente, válida para todos, puesto que todos son miembros de un Estado de Derecho, y además la *religión* para los creyentes. Y, ciertamente, es una convicción bien extendida la de que basta con respetar la legalidad o, en el caso de los creyentes, que es preciso atender a la legalidad, por una parte, y a la Iglesia, por otra. De suerte que las dehonestidades son o delito jurídico o pecado: ¿no hay, pues, ningún lugar para la ética?

VIII. ETICA, DERECHO Y RELIGION

1. *Tres formas de saber práctico estrechamente conectadas entre sí*

Ética, derecho y religión son tres tipos de saber práctico, tres formas de orientar la conducta, que se encuentran estrechamente conectadas entre sí, pero no se identifican.

Están estrechamente conectados ante todo porque una determinada forma de religión favorece —y así lo ha mostrado la historia— el nacimiento de un tipo determinado de conciencia moral y de derecho; pero a su vez, una forma de conciencia moral o de derecho favorecen el surgimiento de un tipo de religión, de la misma manera que la forma de derecho favorece el tipo de conciencia moral y viceversa. Lo cual significa que, cuando tomamos en serio la historia, nos damos cuenta de que estos saberes se interinfluyen y ninguno de ellos nace y se desarrolla aislado de los restantes, aunque no se identifiquen entre sí, sino que se complementen.

En efecto, la identificación, que consiste en último término en que uno de los tres absorbe a los restantes, es un error y, como todos los errores, acaba pagándose; también en el mundo empresarial, que es el que ahora preferentemente nos ocupa, en el que existe una pronunciada tendencia a creer que lo moral es lo legal o bien lo religioso. Por eso dedicaremos este epígrafe a considerar esquemáticamente la relación de la ética con la religión y el derecho.

2. Tres formas de saber práctico, que no se identifican entre sí

En principio, y como muy bien ha visto la tradición kantiana, no se trata de que estas tres formas de saber práctico manden cumplir *contenidos* distintos. Por ejemplo, el mandato de no matar es a la vez religioso, jurídico y moral, y del hecho de que un ordenamiento jurídico lo recoja no se sigue que ya no sea una obligación desde el punto de vista religioso o que ya no obligue moralmente: no hay aquí sustitución de unos saberes por otros, sino que este contenido, como otros (no mentir, no levantar falsos testimonios, no adulterar alimentos, no pagar un salario inferior al necesario para llevar una vida digna, no dejar abandonado a un herido en carretera, etc.), es común a todos. ¿Dónde está entonces la diferencia?

La diferencia descansaría sobre todo en cuatro elementos *formales*: *a*) quién es el que promulga el mandato y exige, por tanto, su cumplimiento (de dónde procede la coacción que acompaña a cualquier mandato); *b*) quiénes son los destinatarios; *c*) ante quién debe responder el que lo infringe; *d*) de quién se puede esperar obediencia.

Este sencillo cuadro muestra cómo, aunque en ocasiones el contenido de determinados mandatos y orientaciones sea a la vez religioso, ético y jurídico, eso no significa que una de las tres formas de orientar la acción tenga que absorber a las restantes, haciéndolas superfluas, porque cada una de ellas tiene un modo de ayudar a los hombres a realizarse.

Sin embargo, la ética aplicada a las distintas actividades y profesiones, como pueda ser la empresarial, presenta una peculiaridad en relación con el cuadro que hemos diseñado, y es la de que *existe ya un carácter, un estilo peculiar de cada una de ellas*, que impide que sea cada individuo quien decida cuál es la actitud que conviene adoptar o las obligaciones

	RELIGION	DERECHO	MORAL
Quién promulga el mandato	Dios, a través de revelación y magisterio	El cuerpo legislativo legitimado para ello	La persona misma
Destinatarios del mandato	Todos los hombres	Los miembros de la comunidad política	La persona de cada hombre
Ante quién se responde	Ante Dios	Ante los tribunales	Ante sí mismo
De quién se puede esperar obediencia	De los creyentes	De los obligados por el pacto político	De todas las personas

que hay que cumplir. Como hemos señalado reiteradamente, cada actividad tiene sentido porque se dirige a obtener unos bienes internos a ella, y para alcanzarlos es más conveniente adoptar unas estrategias, y no otras, desarrollar unos hábitos y no otros. Quien desee incorporarse a esa actividad ha de ser consciente de cuáles son los bienes que le son propios y qué estrategias conviene asumir.

De ahí que las distintas profesiones elaboren códigos de conducta o bien publiquen recomendaciones con los que se quiere indicar que ése es el estilo —el *êthos*— propio de esa actividad, y que quien no lo incorpore, no es que va a ser sancionado por los tribunales competentes del Estado, porque el código no es jurídico, ni que va a cometer un pecado, porque el código no es religioso, sino que no va a alcanzar los bienes internos de esa actividad, que son los que le dan sentido y la legitiman socialmente. Con lo cual quien así actúa se comporta de una forma irracional y asocial y, por tanto, inmoral.

3. *Moral y derecho: ¿basta con cumplir la legalidad vigente para actuar moralmente bien?*

Prácticamente todos los manuales de introducción al derecho dedican un capítulo a señalar las semejanzas y diferencias entre derecho y ética, porque son dos tipos de saber tan estrechamente ligados entre sí que en ocasiones se confunden y se llega a pensar que basta con cumplir las normas jurídicas para actuar de una forma moralmente correcta. Sin embargo, se trata de dos tipos de saber que, aunque estén estrechamente unidos y guarden una gran *semejanza* entre sí, son *complementarios*, pero *no se identifican*. Comentaremos brevemente cuáles son sus semejanzas, sus diferencias y en qué resultan complementarios, porque es éste un punto esencial para comprender qué sea la ética cívica y qué la ética económica y empresarial.

3.1. En lo que hace a las *semejanzas* podemos decir que:
1) ambos son saberes prácticos que intentan orientar la conducta individual e institucional;
2) ambos se sirven de normas para orientar la acción; en el caso del derecho, siempre, a través de un ordenamiento jurídico; en el caso de la ética, cuando se ocupa —como dijimos— de normas de justicia, no cuando sólo pretende ayudar a tomar buenas decisiones. El ámbito de la ética es bastante más amplio que el de las normas, pero también se ocupa de ellas, lo cual le asemeja al derecho.
3) A mayor abundamiento, las similitudes se acrecientan cuando algunos éticos de tradición kantiana, como es el caso de los representantes de la ética discursiva, insisten en que es tarea de la ética ocuparse de las normas y determinar cuáles son los procedimientos que nos garantizan que una norma es moralmente correcta. Las normas morales nacen en los distintos campos de la vida cotidiana y la ética es aquel

saber que trata de decirnos cuáles son los procedimientos racionales para decidir que una norma es correcta.

El procedimiento consistiría, según dicha ética, en establecer un diálogo entre todos los afectados por la norma, que se celebrara en condiciones de simetría, es decir, que todos tuvieran posibilidad de intervenir, replicar y defender los propios intereses en igualdad de condiciones. Podríamos decir que la norma es correcta cuando todos los afectados, actuando como interlocutores en el diálogo, llegaran a la conclusión de que la norma les parece correcta porque satisface intereses generalizables.

No se trataría, pues, de llegar simplemente a un pacto de intereses sectoriales, sino a la adhesión de todos los afectados por la norma que, tras participar en el diálogo en condiciones de simetría, consideran de modo unánime que la norma es correcta.

Esta consideración de la ética como saber que se ocupa de los procedimientos por los que sabemos si una norma es correcta, la ha aproximado al derecho que, en definitiva, también trata de formular los procedimientos adecuados para fijar una norma, aunque en este caso, jurídica.

3.2. De las *diferencias* entre ética y derecho se ha ocupado un gran número de autores, pero, para lo que aquí nos importa, empezaremos por recordar:

1) que las normas jurídicas y las morales, como hemos visto, no difieren tanto por el contenido, que en ocasiones puede ser el mismo, como por su forma, es decir: cuál es su origen, qué obliga a cumplirlas, cuál es el tipo de sanción que puede recibirse por transgredirlas, de quién cabe esperar cumplimiento;

2) las normas jurídicas son promulgadas por los órganos competentes del Estado y es él quien está legitimado para exigir su cumplimiento mediante coacción, teniendo el poder de castigar a los transgresores; los ciudadanos se saben entonces obligados por el Estado a obrar de un modo determinado, si no quieren recibir la sanción correspondiente.

En este sentido se dice que lo específico del derecho es que la coacción para cumplir la ley es «externa» al individuo y que la transgresión viene acompañada por una sanción también externa. Mientras que en el caso de la moral, quien infringe una norma se siente culpable ante su conciencia y la sanción que sufre es más bien el remordimiento. Por eso podemos decir, recogiendo la distinción que hicimos en el capítulo anterior entre *racionalidad estratégica* y *racionalidad comunicativa*, que el derecho puede cumplirse estratégicamente y la moral, no. Es decir, que alguien puede considerar una ley jurídica inadecuada, pero cumplirla por *estrategia*: por miedo a la sanción; mientras que para sentirse obligada moralmente una persona necesita estar convencida de que la norma es correcta, porque nadie le va a sancionar si no la cumple, si no es él mismo.

Ahora bien, aquí se presenta una seria dificultad para la *ética cívica*, para la *ética de las instituciones y las profesiones*, y muy concretamente para la *ética empresarial*, porque se trata de un tipo de éticas que no surgen de cada uno de los hombres, sino que en el caso de la ética cívica, es la ética que nos obliga como ciudadanos, en el caso de la ética de las profesiones, es la propia de cada actividad profesional, y por eso los distintos cuerpos profesionales elaboran códigos de normas o bien recomendaciones que se espera sean seguidos por todos los profesionales; y, en lo que respecta a la *ética empresarial*, son la actividad empresarial misma y la propia organización empresarial las que exigen un tipo de valores, principios y actitudes que obligan a quien se incorpora a la empresa. De suerte que la obligación se entiende que surge, no tanto de la persona misma, como de la actividad correspondiente, y que quien desee participar en una corporación empresarial debe asumir esa forma de conducta, porque es la que le permite accceder a los bienes internos a ella.

El cuadro que arriba hemos diseñado tendría que completarse al aplicarlo a la ética empresarial, en el siguiente sentido:

1) *Quien exige una forma determinada de comportamiento*, se plasme o no en códigos de conducta, es la actividad empresarial misma y, por tanto, la empresa entendida como organización.,

2) Quienes participan en la actividad y en la organización empresarial son los *destinatarios* de esas exigencias.

3) Tales destinatarios *deben responder* de la satisfacción o no de las exigencias ante la sociedad por la que la actividad empresarial queda legitimada. Aunque conviene recordar que en el caso de la ética las sanciones no son legales, sino morales.

4) Y, por último, es de aquellos que participan en la actividad empresarial de quienes se espera que actúen según las exigencias morales.

3.3. Por último, en lo que respecta a la *complementación* entre moral y derecho, tenemos que decir que las leyes son insuficientes para que una sociedad sea justa y, en concreto, que son insuficientes para garantizar que una empresa funcione de una forma justa, y de ahí la necesidad de que vengan complementadas por una ética de la empresa. En efecto:

1) Las leyes no siempre protegen suficientemente todos los derechos que son reconocidos por una moral cívica o por una ética crítica.

2) A veces exigen comportamientos que no parecen justos a quienes se saben obligados por ellas.

3) Las reformas legales son lentas y una sociedad no siempre puede esperar a que una forma de actuación esté recogida en una ley para considerarla correcta. Por eso muchas veces la ética se anticipa al derecho.

4) Por otra parte, las leyes no contemplan casos particulares que, sin embargo, requieren una orientación.

5) Buen número de empresarios piensa que más vale no tener que verse juzgado legalmente por incumplimiento y que, en ese sentido, una conducta éticamente correcta puede evitar una infracción legal y el correspondiente juicio.

6) Por último, «juridificar» es un tipo de acción propio de sociedades con escasa libertad, mientras que en las sociedades más libres la necesidad de la regulación legal es menor porque los ciudadanos ya actúan correctamente, como veremos en el capítulo 5. Podemos decir entonces que la ética es rentable, entre otras cosas, porque actuar correctamente ahorra gastar en derecho, es decir, en leyes, juicios y sanciones.

BIBLIOGRAFIA

Aranguren, J. L. L.: *Ética y política*, Guadarrama, Madrid, 1968; y en *Obras Completas, 3*, Trotta, Madrid, 1995.
Cortina, A.: *Ética de la sociedad civil*, Anaya/Alauda, Madrid, 1994.
—: *Ética aplicada y democracia radical*, Tecnos, Madrid, 1993.
Información Comercial Española, 691 (1991), sobre «Ética y economía».
Kant, I.: *¿Qué es la Ilustración?*,Tecnos, Madrid.
Locke, J.: *Carta sobre la tolerancia*, Tecnos, Madrid, 1985.
Peces-Barba, G.: *Curso de derechos fundamentales*, Eudema, Madrid, 1991.
Pérez Luño, A.: *Derechos humanos, Estado de derecho y Constitución*, Tecnos, Madrid, 1984.
Vidal, M.: *Ética civil y sociedad democrática*, Bilbao, 1984.
—: «Paradigma de ética razonable para la empresa. Exigencias básicas del discurso ético sobre la actividad empresarial»: *ICADE* 19 (1990), 13 ss.

Capítulo 3

MARCO ETICO-ECONOMICO DE LA EMPRESA MODERNA

I. ETICA ECONOMICA Y ETICA EMPRESARIAL

Cuando nos introducimos en el ámbito de las relaciones entre ética y economía, nos encontramos con tres expresiones como mínimo estrechamente conectadas entre sí, al menos en apariencia: *ética económica, ética empresarial* y *ética de los negocios*. En relación con ellas se ha desatado una viva polémica sobre si es la perspectiva empresarial o la de los economistas la que debe ostentar la primacía. Porque para muchos la «verdadera economía» es «lo que los empresarios manejan y dominan, y no lo que los economistas miden» y, desde esta perspectiva, serían los empresarios los principales responsables de la creación de riqueza, los «héroes de la vida económica». Toda posible recuperación económica pasaría entonces por la «resurrección» de los empresarios: la base moral del sistema capitalista se encontraría en el «espíritu de empresa».

Sin embargo, a mi entender, la ética de los negocios no puede desligarse de una reflexión sobre el marco económico general en que vivimos, no puede desligarse de una ética del capitalismo, y por eso en este capítulo vamos a ocuparnos de diseñar brevemente los trazos de ese marco, para pasar en el siguiente a tratar de forma monográfica el tema de la ética de la empresa.

En cualquier caso, aventuraremos en principio una caracterización de cada una de ellas, con objeto de ir distinguiéndolas desde el comienzo, aún a sabiendas de la estrecha relación que guardan entre sí.

La *ética económica* se refiere, o bien a todo el campo en general de las relaciones sobre economía y ética, o bien específicamente a la reflexión ética sobre los sistemas económicos, en la que tienen actualmente un especial interés las reflexiones sobre la ética del capitalismo.

La *ética empresarial o de los negocios*, por su parte, se centra principalmente en la concepción de la empresa como una *organización eco-*

nómica y como una *institución social*; es decir, como un tipo de organización que desarrolla una peculiar actividad y en la que resulta fundamental la *función directiva* y el proceso de toma de decisiones.

Una vez realizada esta sucinta caracterización de ambos tipos de ética, pasamos a considerar con mayor detención la ética económica, precisamente porque es el marco en el que se sitúa la ética de la empresa.

II. ETICA DE LA ECONOMIA MODERNA

1. *Capitalismo y modernidad*

Hasta que se puso en marcha el conjunto de procesos específicos de la *modernidad*, la actividad económica estuvo ligada al orden institucional tradicional (la familia, la política y la religión). Con el capitalismo, sin embargo, *la economía irrumpe con enorme fuerza en la sociedad y se convierte en un ámbito autónomo, que obedece leyes propias*.

Así es como se puso en marcha un potente motor de transformación material y espiritual del mundo, que venía a sustituir los cánones de la tradición por otra forma completamente diferente de ver el mundo y organizarlo. El *capitalismo* «se convirtió gradualmente en el principio básico de organización de toda la economía»; y desde ahí impulsó un proceso de *modernización* y de *racionalización* social, en cuya base se encuentra la *libertad*, porque el modo de producción capitalista requería un *espacio libre* para las actividades económicas.

Ya en el *Manifiesto comunista* de 1848 Marx reconoció expresamente que el capitalismo propiciaba un enorme crecimiento económico y un progreso social revolucionario. El capitalismo, frente al autoritarismo, creó un espacio de libertad e incluso las bases económico-sociales para avanzar hacia una mayor justicia. «El capitalismo creó el mundo – el mundo como una unidad económica» (M. Harrington). En las sociedades precapitalistas la explotación económica (la capacidad de apropiarse de la riqueza) estaba basada en el poder político. El capitalismo fue una innovación radical, el mayor logro de la humanidad en toda su historia; una cultura y una civilización, al tiempo que un sistema económico, en el que la razón se convirtió en una potente fuerza económica y social.

El capitalismo supuso también un cambio en la forma de relacionarse los hombres entre sí, porque la expansión del mercado destrozó la sociedad tradicional. En este nuevo tipo de sociedad ya no bastaba la regulación ética de las relaciones personales para ordenar la vida, y era la primera formación económica y social que no necesitaba como soporte una regulación directamente fundamentada en el Dios de las religiones, sino que podía defender su dinámica autónoma como si se tratara de la racionalidad económico-social moderna.

La pregunta es entonces: ¿cómo regular con sentido ético las relaciones entre entidades mediadoras y entre instituciones o personas jurídicas en el marco de la racionalización social moderna? ¿Es inevitable prescindir de todo marco ético, pasar de la concepción antigua de la tradición occidental, en la que la sociedad estaba regida por un objetivo común, a una insuperable ruptura de la comunidad social y a la ausencia de toda ética racional en las nuevas relaciones sociales que la modernidad ha instaurado en virtud de sus nuevas mediaciones racionales (como las económicas)? ¿No hay valores compartidos capaces de guiar la actividad económica, pública y privada, en nuestro mundo moderno roto y fragmentado?

2. *Racionalización social capitalista y empresa moderna*

Parece que el capitalismo forma parte, pues, de un ámbito cultural propio de la modernidad, como intentó mostrar Max Weber destacando que la fuerza impulsora más importante del capitalismo ha sido la «racionalización», la imposición progresiva de las técnicas racionales en todos los sectores de la sociedad, incluída la empresa. El fundamento de esta transformación racional del mundo puede retrotraerse a ciertas características «racionalizadoras» en el mundo judío y cristiano, que habían resurgido en Europa con la Reforma Protestante.

No obstante, persiste la controversia sobre el carácter modernizador y propenso al capitalismo del protestantismo, controversia que se recrudece cuando recordamos que Weber muy probablemente se equivocó en su punto de vista sobre el carácter inhibidor de la modernidad atribuido a las tradiciones orientales. El auge actual de países como Japón nos obliga a reflexionar sobre las relaciones entre la diversidad cultural y el capitalismo, más concretamente, sobre la vinculación efectiva, y tan eficaz en la empresa japonesa, entre una forma cultural considerada «premoderna» y la modernización capitalista. En Japón tenemos un ejemplo de compenetración entre cultura premoderna y economía moderna con un gran alto nivel de rendimiento, y convertido para muchos en un verdadero ejemplo a imitar.

Sea cual fuere la respuesta que haya que dar al problema de las relaciones entre el pluralismo cultural y la economía moderna, una teoría de la modernidad ha de contar con una teoría del capitalismo y de la empresa, y desde ahí, a mi juicio, *vincular la ética del capitalismo y de la empresa con la de la modernidad*. Así, quien mire la realidad desde la perspectiva de los procesos de modernización, considerará el capitalismo y la empresa como mecanismos de la vida social moderna, junto al Estado y al Derecho, que han servido de vehículo para institucionalizar la articulación de *racionalidad y libertad*.

Esta perspectiva de la inserción del capitalismo y la empresa dentro del complejo de los procesos de modernización tiene la ventaja de atinar en los diagnósticos de nuestro tiempo y, por tanto, contribuye a comprender lo que nos pasa y las vías de mejora de nuestra situación. Porque de lo contrario se achacan al capitalismo y a la vida empresarial un cúmulo de procesos (y «males») que en realidad son producto de la modernización como tal.

En cualquier caso, la clave de las valoraciones y los diagnósticos habituales de la modernidad, entendida como un proceso de racionalización social capitalista (en el que la empresa ha ido ocupando un lugar cada vez más destacado) se encuentra —a mi juicio— en la dimensión ética.

Por un lado, algunos autores creen que el conflicto existente entre la eficiencia (racionalidad funcional) y el hedonismo socava la dimensión moral del sistema, cuando el hedonismo y el consumismo se convierten en la justificación cultural y moral del capitalismo; otros, en cambio, consideran que ha sido la subordinación de casi todos los ámbitos del mundo de la vida a los imperativos del sistema (económico y político) la que ha perturbado la infraestructura comunicativa del mundo de la vida. En ambos casos se recurre a la dimensión *ética*, ya sea mediante una nueva cultura revitalizadora de componentes morales, ya sea mediante el fortalecimiento de las virtualidades morales del mundo de la vida, *pero en ninguna de las dos alternativas se vincula la ética racional moderna con los mecanismos modernos de racionalización social económica y política, y todavía menos con el desarrollo moderno de la vida empresarial.*

Y es que ninguno de estos diagnósticos explicita como es debido la flexibilidad y la capacidad ética del capitalismo, en virtud de la cual éste se ha transformado y convertido en un instrumento de progreso técnico y social. La transformación del capitalismo, y no su mera evolución, ha sido tan profunda que la contradicción básica de donde se derivan los más graves problemas no es ya la contradicción entre el capital y el trabajo, y por eso «el socialismo democrático ha abandonado definitivamente la construcción de un modo de producción alternativo, que sea la negación y la superación del modo de producción capitalista» (M. Escudero).

Lo mismo ocurre con la empresa. Ha ido cambiando la imagen por la que se la consideraba el lugar por antonomasia de la «lucha de clases» y de la contradicción entre trabajo y capital. Con el tiempo el desarrollo de la racionalización moderna en la empresa se ha ido convirtiendo en *gestión* y en estrategias de *innovación* continua.

En este «capitalismo de rostro humano» el problema básico no es el que deriva de los intereses contrapuestos entre el capital y el trabajo, de ahí que algunos piensen que en realidad la transformación del capitalismo acontecida nos sitúa más bien en una etapa de transición hacia un denominado «postcapitalismo», algunos de cuyos caracteres indican que el capitalismo empresarial ha dejado de ser la fuente principal de la dominación. Por consiguiente, para estar a la altura de los tiempos, habrá que resituar la empresa en este nuevo contexto ético-económico y actuar en consecuencia.

Por consiguiente, mientras no seamos capaces de ofrecer otras alternativas mejores, habrá que fortalecer la dimensión ética de los mecanismos económicos modernos y empresariales, habrá que descubrir y potenciar la *ética* de nuestras instituciones modernas (de la empresa, por ejemplo) como mecanismos de racionalización, porque ha sido la vertiente moral de la racionalidad el componente olvidado y reprimido en favor de otros aspectos, necesarios, pero insuficientes para el auténtico desarrollo de los propios mecanismos económicos y empresariales. Uno de los aspectos que requería el desarrollo moderno se ha atrofiado y por eso el producto ha sido deforme: porque no se ha puesto en marcha con equilibrio el conjunto de componentes que requería la propia racionalización moderna. También aquí hemos cometido una «falacia abstractiva», alimentada por la *ficción* postmoderna, porque, al prescindir de la necesaria dimensión ética de la racionalidad moderna, ésta se ha experienciado como un fracaso.

Pero, antes de arrumbar las instituciones económicas modernas y sus mecanismos racionalizadores, convendría hacer, pues, todavía un experimento que las ponga a prueba en su sentido integral, mediante la incorporación operativa de su intrínseca dimensión ética. Porque, además, la historia acredita que la progresiva *transformación ética del capitalismo y de la empresa moderna* ha producido innegables frutos de progreso social. Por eso, evitando legitimaciones paralizantes y utopismos estériles, lo razonable y conveniente sería proseguir este camino de transformación progresiva del capitalismo y de la empresa desde una inspiración ética, que impulse y oriente diseños operativos que vayan corrigiendo los mecanismos que producen injusticia y dominación en las diversas esferas de la cada vez más compleja vida económica y empresarial.

III. ¿ETICA DEL CAPITALISMO?

Los términos de este título pueden parecer contradictorios, ya que han sido muchas y muy variadas las críticas a las «lacras morales del capitalismo», a ese sistema aparentemente carente de moralidad, producto de la perversión humana, que no pone la economía al servicio del hombre. El capitalismo parece no soportar la moral, a no ser al estilo maquiavélico, es decir, para servirse de ella y utilizarla para sus propios fines, porque el móvil fundamental consiste en la obtención de la mayor ganancia posible y además presupone una visión del hombre como *homo oeconomicus*, que en el fondo instaura el egoísmo como base antropológica y moral del sistema.

No obstante, también ha existido una *concepción moral del capitalismo* que no sólo le considera capaz de producir riqueza y bienestar, sino que insiste además en su carácter moral, y es esta concepción la que se ha ido consolidando últimamente, es decir, la que propugna cada vez con más fuerza que la *ética* es uno de sus pilares fundamentales. Recurren para ello sus defensores a la tradición de la filosofía moral moderna, de la que surgió precisamente el estudio y justificación de la economía moderna como tal, y muy especialmente a Adam Smith, al filósofo moral, que es a la vez fundador de la ciencia económica.

Porque realmente *el desarrollo del capitalismo siempre ha estado ligado a alguna forma de concepción moral*, más o menos explícita. Las concepciones éticas que han arropado y acompañado al capitalismo han variado considerablemente y en la actualidad van desde las que añoran la inicial ética puritana de los orígenes del capitalismo, pasando por aquellas que lo defienden basándose en el derecho natural y las que siguen ligadas a alguna forma de utilitarismo, hasta las nuevas éticas de la justicia económica.

Por tanto, hablaremos más bien de *éticas del capitalismo* o *en* los capitalismos, destacando, sin embargo, que en algunas de ellas se detecta una tendencia predominantemente *legitimadora* y en otras, en cambio, más bien *transformadora* del capitalismo. *Es en esta última tendencia transformadora en la que pretendemos inscribirnos.*

IV. ¿LEGITIMACION O TRANSFORMACION DEL CAPITALISMO?

1. *El empresario burgués*

En el temprano desarrollo del capitalismo el impulso económico inicial estuvo controlado por las restricciones del puritanismo y la ética protestante, como exponen magistralmente *El burgués* de Werner Sombart y *La ética protestante y el espíritu del capitalismo* de Max Weber.

El espíritu capitalista se desarrolló a través del *espíritu de empresa* (afán de lucro, espíritu aventurero) y el *espíritu burgués* (prudencia reflexiva, circunspección calculadora, ponderación racional, espíritu de orden y de economía). Las virtudes burguesas eran la «santa economicidad» (*masserizia* o buena administración: gastar menos de lo que se gana y por tanto ahorrar, racionalizar, evitar el despilfarro y la ociosidad) y la «moral de los negocios» (la formalidad comercial, la seriedad).

Además de la mentalidad calculadora, la ética protestante y el puritanismo fueron códigos que exaltaban el trabajo, la sobriedad, la frugalidad. Cada hombre tenía que examinarse y controlarse a sí mismo, someterse a un código comunitario. El núcleo del puritanismo era un intenso celo moral por la regulación de la conducta cotidiana, como si se hubiera sellado un pacto del que todos compartían la responsabilidad. El individuo tenía que preocuparse por la conducta de la comunidad, el sistema valorativo funcionaba como base del orden social y servía para movilizar a la comunidad y reforzar la disciplina. De este modo se ponía el énfasis ético en la *formación del carácter* (sobriedad, probidad, trabajo).

Otra fuente de la ética del capitalismo fue el protestantismo pragmático (por ejemplo, de Franklin): «salir adelante» mediante la laboriosidad y la astucia. El impulso moral con fuerza motivacional vinculante era el mejoramiento por el propio esfuerzo. De este modo la legitimidad del capitalismo provenía de un sistema de recompensas enraizado en el trabajo como cimiento moral de la sociedad. Se trataba de un *êthos* nuevo: una nueva ética dirigida hacia un mundo de posibilidades abiertas y ganancias a través de proyectos útiles.

En la formación de esta nueva *mentalidad económica y pragmática* influyeron ciertas ideas morales protestantes, especialmente el calvinismo. No obstante esta teoría se ha desacreditado, ya que algunos historiadores descubrieron la relevancia del pensamiento católico en el origen y desarrollo del capitalismo, especialmente de la escolástica hispana y de los jesuitas. En cualquier caso, lo decisivo es que el espíritu del capitalismo constituye un nuevo estilo de vida: afán de lucro para vivir, aspirar a obtener ganancias ejerciendo una profesión. Se acrecienta así el interés terrenal de los individuos. Pero todo ello dentro de una valoración ética, incluso religiosa, de la vida profesional: la «profesión» (*Beruf*) es una actividad especializada y permanente de un hombre, que constituye para él una fuente de ingresos y un fundamento económico seguro de su existencia.

He aquí una ética de la racionalidad económica, de la rentabilidad y del trabajo, con el fin de vivir bien (ser feliz); y apoyada en una combinación de puritanismo y pragmatismo en la personalidad del *empresario burgués* como nuevo sujeto económico.

2. *El interés propio y la «mano invisible»*

Desde cierta tradición de filosofía moral, que para algunos se remonta a Aristóteles y para otros a Spinoza, en la propia naturaleza humana encontramos el principio básico de la ética que inspira la actividad económica. El interés individual, la autoafirmación del propio ser, el *conatus*, el instinto natural de conservación, que en el ser humano se desarrolla en el medio de la conciencia, constituye el fundamento natural de la ética.

Así, pues, el *interés* se convierte en un elemento esencial de la ética social moderna, por encima de las pasiones (pero sin dar el salto hacia una razón moral abstracta y desencarnada, presuntamente «desinteresada»), ya que el interés individual constituye la mejor garantía del orden social y el interés económico es enormemente eficaz para regir los asuntos humanos. De ahí el auge de la ética del amor propio y del egoísmo ilustrado en la economía desde Adam Smith. El deseo de mejorar la situación propia es una fuente inagotable de beneficios para la sociedad entera, ya que impulsa a crear, innovar y asumir riesgos. Por eso, en esta tradición ética se mantiene una actitud, ni rigorista ni cínica, centrada en el propio interés como motor, aunque sometido a las regulaciones de la justicia. Esta ética, en la que la moralidad no se opone, en principio, al bienestar ni a las inclinaciones egoístas, sirve de base a una concepción del capitalismo no incompatible con las exigencias morales.

Adam Smith encontró así el mecanismo básico de un sistema económico que se controla a sí mismo por la competencia del mercado; éste crea bienestar y armonía social, en la medida en que permite que la tendencia al provecho privado de cada uno produzca el bien de todos. Pero, según Smith, este «sistema de la libertad natural» ha de completarse con una legislación estatal y una administración fiable de la justicia, que tiene que proteger a cada miembro de la sociedad frente a la injusticia y la opresión. En *La riqueza de las naciones* pueden encontrarse algunos textos en este sentido, preocupados por el marco ético y político de los mecanismos puramente económicos. Y en la *Teoría de los sentimientos morales* se muestra que el interés propio de los individuos permanece ligado a sus «sentimientos naturales» de simpatía, porque el desmedido interés por sí mismo perturba la relación social, que, en cambio, es protegida por el sentimiento «natural» de simpatía hacia el otro y por el sentimiento «natural» de culpa.

La preocupación ética de Smith es, por tanto, innegable. Sin embargo, la «mano invisible» del mercado y un cierto mito de «lo natural» parecen garantizar el orden moral de la sociedad: una cierta perspectiva naturalista persiste en el pensamiento económico, perspectiva que otras éticas económicas intentarán superar mediante una fundamentación racional de las normas y de la intervención en el orden económico.

3. *El principio de utilidad y sus límites*

Una ética que contribuyó a este último propósito fue la utilitarista, fundada por Bentham a raíz de la publicación en 1789 de su obra *An Introduction to the Principles of Morals and Legislation*, y perfeccionada posteriormente de modo muy destacado por J. S. Mill. El utilitarismo representa una concepción ética auténticamente moderna para fundamentar racionalmente normas desde un principio ético universal y pragmático de la acción, el *principio utilitarista*.

Algunos años antes de la obra de Bentham, Kant fundó un potente y radical enfoque de ética racional moderna en la *Fundamentación de la metafísica de las costumbres* (1785) y en la *Crítica de la razón práctica* (1788), que, sin embargo, no parece haber influido apenas sobre las ciencias económicas. En cambio, el programa utilitarista de Bentham ha inspirado grandes partes de la economía nacional (especialmente la teoría neoclásica de la utilidad marginal y la economía del bienestar).

La razón profunda del éxito del utilitarismo y la falta de relevancia de Kant en economía puede encontrarse en la diferencia fundamental entre sus respectivos conceptos de la racionalidad práctica. *El principio moral utilitarista parece formular las exigencias éticas de la racionalidad económica*; exige que tengamos en cuenta si las consecuencias de la acción son buenas, en el sentido de provechosas (útiles) para satisfacer las necesidades humanas mediante un cálculo hedonista, de tal modo que contribuyan a «la mayor felicidad del mayor número» (cf. capítulo 1).

El «principio de utilidad» pretende lograr una conexión de racionalidad, hedonismo y universalidad, que caracteriza al utilitarismo moderno (a diferencia del antiguo, que era individualista y egoísta). Pero su presunto universalismo es más bien una mera defensa de la mayoría como criterio moral, a diferencia de Kant, que se rige por un principio estricto y radical de universalización. Y, por otra parte, el hedonismo utilitarista entra en colisión con la exigencia kantiana de llegar a discernir lo que significa una buena voluntad. Sin ésta y sin un auténtico universalismo la racionalidad ética utilitarista queda muy mermada a la hora de llevar a cabo su proyecto de reformar la sociedad con el fin de armonizar racionalmente los diversos intereses y lograr un orden social que favorezca la felicidad de todos.

No obstante, el utilitarismo ha gozado de gran audiencia en el campo de la ética normativa hasta hace dos décadas. Se confiaba en su concepción de la *racionalidad* como *eficiencia* para evaluar moralmente las *consecuencias*, maximizando el bien y minimizando el mal conforme a dos criterios: el bienestar y la suma de utilidades individuales. Ahora bien, los problemas del utilitarismo son muy graves, tanto en el modelo cardinalista (suma de utilidades individuales como medida del bienestar social) como en el ordinalista («optimalidad de Pareto»), ya que los criterios de la tradición utilitarista empleados en la economía del bienestar son compatibles con situaciones de enorme desigualdad y, por tanto, insensibles a la injusticia, así como a la posible marginación de minorías en beneficio del bienestar de la mayoría.

4. *El interés general: la elección social*

La teoría de la elección social pertenece a la *tradición utilitarista*, pero más al utilitarismo *de los economistas*. Se trata de lo que los economistas piensan sobre las cuestiones de la justicia económica y de la búsqueda de un fundamento para la decisión justa entre distribuciones alternativas contando con el instrumental analítico procedente de la economía.

En el marco de la teoría de la elección social se han desarrollado concepciones de «justicia económica» preocupadas por alcanzar un nivel ético-normativo operativo en la toma de decisiones. Se creía que a través de la teoría de la elección social sería posible aclarar el problema de una *racionalidad moral de las elecciones colectivas* y asimismo explorar las condiciones de posibilidad de la *justicia social* y de la racionalidad moral para los fines sociales.

El objeto propio de la justicia económica es la distribución, no sólo del dinero, sino de los beneficios y cargas que genera la renta global de una comunidad; es decir, la *justicia económica* tiene que ver con la *distribución social del bienestar* que produce la renta comunitaria; entendiendo por bienestar el beneficio que produce una renta dada, si satisface una preferencia. Dejando de lado el afán por encontrar y enfrentar *criterios* de la justicia distributiva (que sólo valen normalmente para un área social determinada), lo importante aquí es averiguar las características que permiten considerar un criterio como fundamento adecuado de justicia distributiva; es decir, la cuestión de la fundamentación en justicia económica, que surge al preguntarnos acerca de cómo se logra una decisión «socialmente válida».

La inadecuación del mercado para determinadas situaciones de elección condujo a la intervención masiva de los gobiernos en las economías. La ordenación estatal de la economía plantea ya los problemas de elección social y la necesidad de definir una preferencia social. Pero lo que distingue a la teoría de la elección social es su compromiso con los procesos de decisión política. Porque la producción y distribución de bienes, como la atención sanitaria, la educación, defensa, etc., ya no puede dejarse a la competencia, sino que se transfieren a la esfera política. La cuestión decisiva con la que nace la teoría de la elección social es la siguiente: ¿cómo saber lo que la sociedad quiere?

Ahora bien, más allá de la versión positivista de la teoría de la elección centrada en el proceso fáctico por el que se producen las decisiones según el modelo del mercado, aunque ahora sea para bienes públicos, existe otra tendencia que se pregunta cómo debe elegirse, es decir, se pregunta por el nivel *ético-normativo* de la elección social. Desde este enfoque normativo se intenta definir un interés general y un fin social. Dicha idealidad estaría formada por los valores y fines de la sociedad, capaces de constituir una *racionalidad moral de la decisión*. Así, pues, ya en este enfoque normativo de la elección social se pretenden indicar las condiciones que deberían regir los procesos de decisión en nuestras sociedades, es decir, las garantías *racionales* y *morales* en los procesos de decisión social.

5. La justicia como equidad

La aparición en 1971 de la *Teoría de la justicia* de Rawls derrumbó la hegemonía del paradigma utilitarista, ya que Rawls se sitúa en la *tradición contractualista* y *kantiana*. Su concepción de la justicia como imparcialidad, en tanto que «primera virtud de las instituciones sociales», concierne a las diversas actividades sociales del hombre, incluida la económica: «los principios de la justicia pueden servir como parte de una doctrina de economía política». Por eso intenta mostrar cómo sus dos principios de la justicia «surten efecto como una concepción de economía política», para superar la noción utilitarista de «bienestar» y la teoría de la «elección social»; ya que «una doctrina de economía política debe incluir una interpretación del bien público basada en una concepción de la justicia».

El centro de atención de Rawls es la *justicia distributiva*: se trata de saber cómo se distribuyen los derechos y deberes en las instituciones sociales, y de qué modo pueden conseguirse las máximas ventajas para la cooperación social. Desde la perspectiva de una denominada «posición original», puede asegurarse que los acuerdos básicos a que se llega en un contrato social son justos en el sentido de la equidad (*fairness*). En dicha «posición original» se adoptarían dos principios fundamentales: 1) asegurar para cada persona en una sociedad derechos iguales en una libertad compatible con la libertad de los otros; 2) debe haber una distribución de bienes económicos y sociales tal que toda desigualdad debe resultar ventajosa para cada uno, pudiendo, además, acceder sin trabas a cualquier posición o cargo.

Estos principios son una aplicación de una concepción más general de la justicia que Rawls enuncia así: «Todos los valores sociales —libertad y oportunidad, ingresos y riqueza, así como las bases sociales del respeto a sí mismo— deben distribuirse igualitariamente a menos que una distribución desigual de alguno o de todos estos valores sea ventajosa para todos».

De especial interés para nosotros es el segundo principio, por el que las desigualdades económicas y sociales deben estar dispuestas de tal modo que beneficien a los menos aventajados, respetando las libertades básicas y la igualdad de oportunidades. Estamos ante una ética de la justicia económica, que incorpora el enfoque kantiano. Es ésta una novedad que no debe pasar desapercibida, ya que Kant había quedado relegado en la esfera económica: con Rawls se ha dado un gran paso hacia una *ética económica de inspiración kantiana*.

6. *Las reglas de un contrato constitucional*

El enfoque contractualista, fecundo en la teoría rawlsiana, conoce otra versión de la mano de James M. Buchanan: sus análisis de la elección pública (*public choice*), más allá también del utilitarismo, proponen un modelo constitucional para fundamentar normativamente la organización y acción social.

Aunque no siempre se haya explicitado convenientemente, al modelo de la teoría de la elección pública subyace una ética; hay una razón moral de las normas y una forma peculiar de entender la justicia económica (distributiva). De ahí su propósito de elevar la determinación de la política de redistribución o de transferencias presupuestarias a un nivel distinto de decisión del de las mayorías y convertirlas en materia del nivel constitucional, a fin de superar así algunos fallos de la regla de la mayoría, convertida en *mayoría sin reglas*.

El papel de las normas en este enfoque intenta rebasar el postulado del «interés propio» mediante la recuperación de alguna versión del «interés general» o del «interés público» como encarnación de una norma moral compartida. Es decir, las personas tienen que asignar un cierto valor privado positivo al «bien público». Además, ese «bien público» —que es valorado privadamente— tiene que ser un estado de cosas definido por la interacción de individuos que eligen con libertad. Todo ello les resulta muy difícil de comprender especialmente a los economistas; ya que requiere la creación de un clima que favorezca la construcción de un puente entre el interés privado identificable a corto plazo y el «interés público». Tal vez por eso, para su propugnada revolución constitucional del orden económico-social, Brennan y Buchanan apelan a una «religión cívica».

Ahora bien, siguiendo el hilo expuesto, sería más adecuado profundizar en la *ética del orden constitucional* en que convergen las instituciones económicas y políticas que encarnan los procesos modernos de racionalización social, incluida la empresa (privada y pública). En este sentido el contractualismo constitucional del propio Buchanan parece haberse desarrollado en dirección hacia un peculiar procedimentalismo ético (basado en la legitimidad de las reglas y los procesos de toma de decisiones), que —a mi juicio— también sería aplicable al orden de una constitución empresarial.

7. *La coordinación del mercado*

Esta ética del capitalismo —como la llama Koslowski— quiere encontrar una vía intermedia entre la apología acrítica y el moralismo, entre la aceptación de lo existente y las abstractas exigencias del deber, ya que en la cuestión de la *moralidad del capitalismo* considera imprescindible recordar un principio de la teoría moral y del derecho natural: *obligatio oritur a natura rei*; la moralidad del capitalismo sólo puede ser justificada a partir de la naturaleza de la cosa, es decir, de la función de la economía y de las posibilidades de autorrealización humana en ella.

Además, la historia ha mostrado que si el modelo capitalista se completa con una ética social, que inspire un marco social y político, puede transformarse en una «economía social de mercado» que conserve la adquisición moderna de la libertad y de la subjetividad. Por consiguiente, todo reduccionismo economicista, que crea poder prescindir de la ética, olvida que el capitalismo tiene exigencias morales que la economía sola no puede producir ni proteger. Precisamente para que la teoría de la economía social de mercado no quede en el aire, Koslowski ha intentado complementar el subjetivismo moderno (el sentido de la libertad del capitalismo) con una ética iusnaturalista individual y social, es decir, fundamentarla en una síntesis de *liberalismo económico* e *iusnaturalismo*. Así se conserva la herencia de la subjetividad moderna (la libertad económica), pero acompañada de un marco axiológico y de sentido.

La pregunta por la moralidad del capitalismo se centra aquí en la cuestión de la legitimidad del proceso de autonomización y neutralización socio-moral de la economía capitalista, en el que se expresa el desarrollo del espíritu europeo hacia la *libertad*, a través de la *individualización, subjetivización y racionalización*. Porque su racionalización *formal* no fija fines socialmente vinculantes, sino que cada individuo elige sus propios fines particulares. La economía ya no actúa conforme a una racionalidad axiológica, sino conforme a una racionalidad funcional, por la que se respetan todos los fines individuales coordinándolos mediante la señal de los precios del mercado. La racionalidad formal del mercado sirve para *coordinar* la multiplicidad de individuos autónomos, instituyéndose así una nueva forma de integración social.

Por tanto, frente al modelo *mecanicista* de mercado esta ética social del capitalismo concibe el mercado como un procedimiento de *coordinación* de fines individuales, que cuenta con un marco ético, político y jurídico, y posibilita y organiza el ejercicio de la libertad. De manera que, junto a la asignación eficiente de recursos, entra el punto de vista moral de la libertad: el mercado armoniza *eficiencia* y *libertad*.

Además del mercado como mecanismo de coordinación y de la eficiente asignación de recursos, Koslowski cree necesario considerar la *formación y coordinación de preferencias*, porque el *individualismo económico* está ligado al *ético*: ¿pueden transformarse las preferencias?, ¿es posible una ética normativa de las preferencias y de la fijación individual de fines?

El individualismo ético kantiano responde al problema que plantea la economía de mercado, ya que cuenta con los rasgos antes señalados de la *modernidad* y del *capitalismo*: *individualización, autonomización* y *universalización*. La ética de Kant es *formal* y mediadora de los fines individuales ya que intenta ofrecer un criterio, según el cual pueda comprobarse si los fines individuales de cada uno pueden conciliarse con los de todos los otros, igual que en el sistema de coordinación económica a través del mercado.

A mayor abundamiento, *en el capitalismo es necesaria una ética, porque existe un gran espacio de libertad* y los valores morales (como la confianza) reducen los «costos de transacción», compensan los fallos del mercado, favorecen la integración social y contribuyen a la eficiencia económica. Por ejemplo, la ética puede contribuir a solucionar el «dilema del gran número» (Buchanan), un código ético puede impedir la paradoja del aislamiento, según la cual cada uno quiere actuar bien moralmente, si los demás también lo hacen, pero no lo hace si teme ser el único que actúe moralmente. Por tanto, la ética transforma el «dilema de los prisioneros» en un *assurance game*, que mejora a todos.

Por último, la moralidad del capitalismo también se patentiza, según Koslowski, en el hecho de que amplía la *libertad individual* en la *distribución* de bienes, ya que los consumidores se comportan como soberanos y la producción se orienta por la demanda. En este sentido es significativo el llamado «voto-dólar», es decir, el hecho de que los individuos hayan de refrendar sus preferencias con dinero propio, lo cual les obliga a ser transparentes y responsables en sus decisiones, pero también muestra que el mercado respeta los órdenes y la intensidad de las preferencias y eleva las oportunidades de participación de los individuos, dada la continuidad del proceso de decisión (trillones de decisiones sin regulación central). De ahí que resulte curioso, según Koslowski, que los defensores de la democracia económica critiquen un orden de economía de mercado, porque si los individuos no son capaces de defender su soberanía de *consumidores*, ¿cómo partir del supuesto de que defenderán mejor su soberanía de *electores*?

No obstante, una soberanía de los consumidores separada de toda norma moral y un sistema de mercado orientado sólo por necesidades subjetivistas (y la disposición a pagar) son tan temibles como una democracia plebiscitaria sin constitución y normas jurídicas (tan temibles como la «mayoría sin reglas»). Sólo contando con preferencias fácticas, sólo con el mercado puro no puede construirse una sociedad: necesitamos instituciones y normas. Por eso, el tránsito del mercado a la democracia plebiscitaria (mera votación) no soluciona nada, ya que las necesidades que no llegan al mercado tampoco emergen en el proceso de votación «democrático». Una buena parte de la crítica al capitalismo es, pues, también una crítica a la democracia: una crítica a la incapacidad de los individuos para hacer un uso racional de su soberanía de consumidores (y, por tanto, de electores).

Podemos decir, por tanto, siguiendo a Koslowski, que ni la libertad puede ser el único valor ni la totalidad del orden social debe concebirse como mercado. La fundamentación de un orden económico capitalista se basaría, por el contrario, en la capacidad para mediar la múltiple y diversa prosecución de fines individuales y en la conexión entre libertad *moral* y *económica*. El *êthos* del capitalismo consiste entonces en una trama de *eficiencia* en la coordinación, *libertad* (de consumo, de producción y de acción) y *justicia distributiva*.

8. *La eficacia del capitalismo democrático*

En los últimos tiempos un nutrido número de pensadores y dirigentes del mundo económico y político insiste igualmente en que el capitalismo no puede subsistir sin una moral adecuada, porque la integración social exige un arraigado sistema moral (una coherencia moral), que no pueden sustituir ni el control político-jurídico ni la ingeniería social. Este sistema de valores morales ha ido evolucionando históricamente desde el puritanismo inicial al hedonismo y el consumismo, causantes de las crisis actuales, y es hora de destacar las aportaciones éticas que le son inherentes y que van estrechamente ligadas a sus logros históricos.

El capitalismo, a juicio de estos autores, ha logrado: *a*) el más alto nivel de vida material: eficiencia progresiva, crecimiento económico «sostenido», revolución constante de los medios de producción de bienes mediante la economía de mercado como sistema competitivo que estimula la creatividad y favorece el bienestar; *b*) la distribución menos desigual de la riqueza (según la curva de Kuznets: si el crecimiento económico perdura, a la larga disminuyen las desigualdades); *c*) más libertad y pluralismo, porque permite el pluralismo social y la efectiva distinción (reparto) de poderes, con la consiguiente liberación de la tiranía.

A la luz de estos logros concluyen los autores que comentamos que el capitalismo democrático, configurado por la economía de mercado, la democracia política y el pluralismo cultural, ofrece la mediación más adecuada para resolver los problemas económicos y políticos básicos (pobreza, eficacia, bienestar y libertad) y, por tanto, que goza de una innegable superioridad moral frente al colectivismo e incluso frente a ciertas ofertas de «socialismo democrático», que en bien poco diferirían del capitalismo democrático.

El núcleo moral de este capitalismo, corregido en sentido reformista, consiste en una ética que defiende la autonomía individual como exigencia de la libertad, unas instituciones que aseguren la integración en la modernidad capitalista (estructuras intermedias de la sociedad civil), entre las que destacaría la empresa, y en la creación desde esas estructuras intermedias de un nuevo «hogar público», capaz de integrar vital y profesionalmente a los seres humanos de las sociedades modernas avanzadas.

9. *Capitalismo social y* management *comunicativo*

Lo que parecía vedado a las éticas de raigambre kantiana —entrar en el ámbito económico— lo logra junto a Rawls la ética discursiva.

La ética discursiva pretende transformar la racionalidad económica por medio de la racionalidad comunicativa; intenta corregir el desarrollo económico sistémico desde la perspectiva del «mundo de la vida» e impulsar así una nueva transformación social del capitalismo, una *economía social*, desde un nuevo fundamento normativo, no utilitarista ni contractualista, sino *discursivo*, entendido en la práctica como «control democrático» por parte de los afectados.

Desde esta perspectiva cree lograr una mediación entre los aspectos *normativos* y los *fácticos*, entre las ideas regulativas y las propuestas de acción pragmáticamente realizables, porque las ideas regulativas indican perspectivas metódicas de progreso económico-social, que van más allá de lo «factible» inmediatamente, pero que no han de considerarse extrañas al mundo, sino más bien fuerzas innovadoras de progreso histórico.

Inscrita en esta línea de pensamiento, la Economía Social de Ulrich se interesa por los procesos de decisión y por los presupuestos institucionales de la acción racional, para lograr un orden social y económico justo. Con tal fin cree necesario dar un paso más que el propio Buchanan y entender la economía, más que como una «ciencia de la elección» o una «ciencia del contrato», como una «ciencia del entendimiento», en el sentido de K.-O. Apel, desde alguna idea regulativa que rebase el nivel de los consensos fácticos. La Economía Social une entonces la perspectiva del control funcional del sistema y la del mundo de la vida (orientación pragmática abierta al orden crítico-normativo de la ética), reconciliando la modernidad económica y la moral, *desde dentro* de la racionalidad económica.

Desde esta perspectiva ya no impondrían su hegemonía ni el orden funcional (técnico) ni el institucional-político (administrativo), sino la racionalización comunicativa del mundo de la vida. De lo cual se espera que emerja una «integración social comunicativa», basada en la «comunidad de sentido» (consenso) y no meramente funcional, que, por su parte, una cultura empresarial y un *management* comunicativo fomentarían también en la empresa.

Esta presunta irrupción (e institucionalización) del mundo de la vida para hacer frente a las coerciones sistémicas (funcionales y burocráticas) supone rebasar la democracia representativa y basar el control democrático en la participación de los afectados, a fin de prestar atención a sus auténticas necesidades. El nuevo liberalismo social y el nuevo socialismo democrático podrían inspirarse en esta «economía dialógica» y de este modo superar el déficit de racionalidad de la socialdemocracia convencional, que combate los fallos del sistema económico desde el sistema estatal-burocrático, cuando en realidad ambos son subsistemas que invaden el mundo de la vida y ponen en cuestión el sentido emancipatorio de la racionalización social moderna.

A pesar de su significativa aportación en el orden fundamentador (diferente del utilitarista y del contractualista), esta Economía Social adolece de graves deficiencias en el orden de la aplicación, porque no presenta las pertinentes mediaciones técnicas e institucionales que permitirían poner en marcha los propósitos de esta ética económica dialógica, ni aclara suficientemente qué significa «control democrático» de la economía, ni quiénes son los afectados en cada caso, ni cómo se puede institucionalizar semejante cosa sin aumentar todavía más la burocratización de la sociedad y un cierto colectivismo ineficiente.

No obstante, este enfoque podría contribuir como pocos a inspirar nuevas políticas sociales, a impulsar un Nuevo Orden Económico Mundial y a promover en este contexto una prometedora «ética de la empresa» y de los negocios. Esta nueva ética empresarial comunicativa sería capaz de insertar la autorreflexión crítica sobre los contenidos éticos en las deliberaciones sobre las estrategias alternativas a las que se enfrenta el *management* en su función directiva y gerencial.

V. DE LA «CASA» A LA «EMPRESA»: EL PROGRESO DE LA «MANO VISIBLE»

La variedad expuesta de perspectivas y rasgos que han ido configurando el *marco ético-económico de la empresa* moderna indica que la economía capitalista no pertenece exclusivamente al reino de la necesidad, sino que su flexibilidad puede aprovecharse para impulsar cambios que permitan aumentar los límites de la libertad, sin perder de vista las exigencias de la justicia social.

Como ya hemos observado, la ética ha sido el lado olvidado en los procesos de racionalización económica moderna y es hora de hacer la prueba de activar las virtualidades morales de la economía capitalista, para que el horizonte de la libertad y de la justicia factibles no se cierre debido al resignado factualismo. La experiencia y la reflexión aconsejan ampliar el horizonte de lo posible desde la orientación crítico-regulativa de una *ética transformadora del capitalismo*; es decir, desde aquellas exigencias modernas de autonomía (libertad), justicia y solidaridad, que impulsan la *transformación ética de la racionalidad económica*, al intentar compaginar la eficiencia funcional (racionalizadora de la libertad) y la responsabilidad social.

Un lugar privilegiado para constatar y llevar a cabo esta transformación de la economía moderna capitalista ha sido (y sigue siéndolo) la *empresa*. Y precisamente para resaltar el sentido y la fuerza de la empresa moderna conviene tener en cuenta el cambio que supuso pasar desde un modelo *ecológico* (natural) a otro *organizativo* (productivo) en la actividad económica.

1. *El modelo «ecológico»: oikonomía versus crematística*

Si recordamos el sentido originario de la economía (*oikonomía*) como administración doméstica, todavía resultará más patente el significado del tránsito desde el contexto clásico antiguo al moderno, en el que cada vez más el centro de la economía va a ser la organización empresarial.

Cuando la *economía* surge como saber específico en Aristóteles dentro de la filosofía práctica, la tarea económica primordial es la *administración de la casa* y, por extensión, la de la ciudad, ya que la «comunidad civil» o ciudad se componía de un modo natural y básico de casas. La vida económica reposa aquí sobre un sentido de *comunidad moral natural*, que garantiza la armonía de intereses y el reconocimiento de la estructura jerárquica del orden económico.

De la «economía» en sentido estricto Aristóteles distinguía la *crematística*, pues ésta se ocupa de la «*adquisición*» y aquélla de la «*utilización* de los bienes domésticos». No obstante, hay una especie de arte adquisitivo que es natural y forma parte de la economía, ya que es propio de los que administran la casa y la ciudad: se trata de aquel arte adquisitivo en virtud del cual «la economía tiene a mano, o se procura para tener a mano, los recursos almacenables necesarios para la vida y útiles para la comunidad civil o doméstica. Estos recursos parecen constituir la verdadera riqueza, pues la propiedad de esta índole que basta para vivir no es ilimitada» (Aristóteles).

Hay otra clase de arte adquisitivo, la «crematística, para la cual no parece haber límite alguno de la riqueza y la propiedad». Se basa sobre una utilización, según Aristóteles, no natural (no adecuada) de los objetos, sino exclusivamente como objeto de cambio.

Y es que en un principio, el cambio empezó de un modo natural, ya que sirvió para completar la «suficiencia natural»; era preciso hacer cambios según las necesidades, por tener unos más y otros menos de lo necesario. Cuando este comercio al por menor se limita a «lo suficiente», forma parte de una crematística natural. Pero, una vez inventado el dinero (a consecuencia de las necesidades del cambio), surge otra forma de crematística, que tiene lugar cuando los cambios se hacen «para obtener el máximo lucro». La crematística parece tener que ver, entonces, sobre todo con el dinero y su misión parece ser averiguar cómo se obtendrá la mayor abundancia de recursos, pues es «un arte productivo de riqueza y recursos». De ahí que la riqueza se considere muchas veces como «abundancia de dinero», cuando éste se convierte en «el fin de la crematística y del comercio».

Hay, pues, según Aristóteles, dos tipos de crematística y de riqueza: 1) la crematística y riqueza naturales (propias de la administración doméstica, y 2) la crematística comercial y productiva de dinero mediante el cambio (de la que se excluye la del comercio al por menor, limitado a lo suficiente).

La crematística comercial parece tener por objeto el dinero, ya que el dinero es el elemento y el término del cambio, y la riqueza resultante de esta crematística es ilimitada; en cambio, la economía doméstica tiene un límite, pues su misión no es la adquisición ilimitada de dinero, sino la satisfacción suficiente de las necesidades de la comunidad (de las casas que componen la ciudad).

Como puede observarse a primera vista, la economía moderna está más cerca de la «crematística» que de la «economía» en el sentido aristotélico. No obstante, cabría establecer una distinción entre el lado productivo (industrial) de la economía y el lado financiero (dinerario); al espíritu de la Economía Política aristotélica no sería del todo ajeno el espíritu de empresa en el contexto moderno, ya que su finalidad sería la producción de bienes para el consumo, por tanto, para su utilización. En último término, la empresa sería la unidad básica de producción, directamente relacionada con las unidades de consumo.

Lo que cambiaría sería, en primer lugar, una parte de ese espíritu de empresa, en la medida en que en la época moderna éste se configura mediante la búsqueda del beneficio; por tanto, ya no se podrían separar tajantemente las dos formas de crematística, al estilo aristotélico. Por otra parte, con el desarrollo progresivo de la técnica y del afán de bienestar, han desaparecido las posibilidades reales de determinar «lo suficiente» o la «suficiencia natural» para vivir bien. El horizonte, pues, de la economía se ha transformado desde un modelo que podríamos denominar «ecológico», en que Aristóteles cree poder determinar lo suficiente para vivir bien, a un modelo «productivo», en que ya no es posible poner límite alguno al crecimiento en la producción de riqueza.

En este tránsito de la economía ecológica a la crecientemente productiva ocupa un lugar central la empresa moderna, como nueva unidad básica de producción y organización del trabajo.

Y, por otra parte, a lo largo de ese proceso ha cambiado también la base moral comunitaria en que se sustentaban las relaciones económicas.

Se ha pasado desde una concepción armónica de la actividad económica en el contexto familiar y ciudadano a una concepción conflictiva, incluso antagónica, en la organización empresarial moderna, ya que se ha quebrado el sentido tradicional de la comunidad de intereses vitales entre los diversos componentes de la sociedad económica y política.

De ahí la importancia que adquiere en la actualidad la recuperación de una cierta comunidad en (o a través de) la empresa como institución económica moderna básica. Porque, una vez superada la armonía que se sustentaba en la comunidad moral natural, el desarrollo del mundo empresarial moderno condujo al enfrentamiento radical e irreconciliable entre sus partes integrantes (especialmente entre trabajadores y empresarios).

El reto del futuro empresarial se juega en si sabremos, o no, propiciar un nuevo contexto, hacia el que ya se ha ido caminando, en el que se pueda vivir un sentido de comunidad moral con una configuración moderna, mediante la incorporación del espíritu de cooperación en la estructura y organización técnica de la empresa, que los tiempos exigen.

Tras la era del conflicto en la empresa está en juego la formación de un nuevo sentido de empresa, que fomente una comunidad moral empresarial basada en una ética de la justicia, la cooperación y la solidaridad entre todos los que forman parte de la empresa. Para dar este paso se requiere percatarse de que el conflicto económico radical se ha desplazado desde el interior de la empresa a otros lugares. Esto no quiere decir que se haya acabado la pugna de intereses diferentes también dentro de la empresa; pero no percatarse a tiempo de las nuevas realidades y relaciones económicas, no identificar con lucidez dónde se encuentran los nuevos nudos más conflictivos, supone seguir atascados por ciego empecinamiento ideológico e impedir avanzar por el camino del progreso posible.

Tras los procesos de modernización, indudablemente, no podemos volver a un modelo «ecológico» y familiar (patriarcal), pero tampoco sentirnos condenados a reproducir indefinidamente los viejos roles de los contendientes en una guerra a muerte entre clases, como si fuéramos capaces de ofrecer un modelo alternativo total. Si queremos progresar, ha de acabar la era del conflicto por el conflicto en la empresa y emplear las energías en idear nuevas formas de resolverlos, propias del nivel de desarrollo técnico y moral de nuestras sociedades modernas avanzadas (postmodernas, según algunos); es decir, reconocer la específica comunidad de intereses que fundamenta la organización empresarial y hacer efectivas nuevas estrategias de cooperación.

2. *El poder creciente de la organización empresarial*

A la configuración de la empresa moderna, tal cual hoy la conocemos, han contribuido diversos aspectos que guardan una estrecha relación con el marco ético-económico en que surge, de entre los que cabe destacar los siguientes: el espíritu del *empresario* burgués, con su *mentalidad calculadora*, sus virtudes y forma de vida disciplinada; igualmente fue decisivo el cambio de mentalidad producido en favor de la consideración del *interés propio* como algo perfectamente legítimo en la realización de un proyecto de vida individual y colectivo en libertad; en esta línea, hubo quien creyó poder ofrecer un criterio racional como el de *utilidad* para orientar el desarrollo económico e interpretarlo en términos éticos específicos; de esta manera se creyó contar con algún fundamento para determinar el *interés general*, sin embargo, este enfoque ha suscitado una viva polémica sobre si el utilitarismo y las teorías económicas del bienestar relacionadas con él son adecuadas o no para garantizar procesos equitativos de *decisión racional*.

El fracaso del utilitarismo hizo surgir nuevas formas de entender la *justicia económica*, ya sea mediante la defensa de la justicia como equidad o imparcialidad, o bien mediante las reglas de un posible contrato constitucional, que no estarían ya sometidas a la, por otra parte en su ámbito ineludible, *coordinación del mercado*. De este modo, pues, la proclamada *eficacia* de la economía moderna de mercado ha tenido que compaginarse con su propio *sentido ético-social*, de tal manera que sus exigencias técnicas (sistémicas) pudieran estar, en definitiva, al servicio del denominado «mundo de la vida».

Todos estos ingredientes han ido transformando la empresa moderna hasta su configuración actual. Pero el factor decisivo para el crecimiento económico y la fuente predominante del poder en la empresa ha sido la *organización* como tal.

Desde las primeras formas de organización hasta la actualidad, una «empresa» consiste en la «realización de un plan de gran alcance cuya ejecución requiere la colaboración permanente de varias personas bajo el signo de una voluntad unitaria» (W. Sombart).

Desde entonces hasta hoy la *empresa* es la unidad productora de riqueza en la sociedad, que se distingue por su contribución al crecimiento económico y cuyos *objetivos* son los siguientes:

1) producir bienes y/o servicios, 2) aumentar el valor económico añadido (lograr beneficios), a fin de: *a*) atender las rentas de trabajo y de capital y *b*) poder invertir para garantizar la viabilidad de la empresa; pero también tiene como objetivos:

3) promover el desarrollo humano y 4) garantizar la continuidad de la empresa.

Siguiendo los estudios de historia económica de Chandler, la empresa moderna aparece mediante la creación o la compra de unidades operativas que eran capaces de funcionar independientemente; es decir, *internalizando* las *actividades* y las *transacciones* que habrían podido ser dirigidas por varias unidades.

Esta empresa moderna consta de muchas unidades de operación distintas, dirigidas por una jerarquía de *ejecutivos* asalariados, que se convierten en una nueva subespecie de *homo oeconomicus*: el *directivo* asalariado. La empresa multiunitaria reemplazó a la pequeña empresa cuando la *coordinación administrativa* permitió *mayor productividad, costes más bajos y beneficios más elevados* que la coordinación por medio de los mecanismos de mercado.

Estas ventajas de la internalización se hicieron efectivas cuando se creó una *jerarquía administrativa*; es decir, cuando se reunió a un grupo de *directivos* para que desempeñaran las funciones realizadas por los mecanismos de mercado y de los precios. La *coordinación administrativa* se convirtió en la función primordial de la empresa moderna. (R. Coase expuso las razones para internalizar las unidades operativas, ya que suponía ventajas para la empresa).

La empresa moderna surge, pues, cuando el volumen de la actividad de la *coordinación administrativa* es más rentable y eficaz que la *coordinación de mercado*. Y el crecimiento de su actividad económica se debió a las nuevas *tecnologías* y a la expansión de los *mercados*. Pero también a la innovación institucional de la empresa moderna que supo responder organizativamente al ritmo de la *innovación tecnológica* y a la creciente *demanda de consumo*.

Como ha destacado el «nuevo institucionalismo», en el desarrollo de la empresa como unidad de producción hay que prestar especial atención al *cambio institucional* que en ella se ha producido y sus consecuencias, es decir, a la influencia que han tenido los cambios de la organización empresarial en el *crecimiento económico*. Conforme la tecnología se hacía más compleja y los mercados se expandían, la *coordinación administrativa* fue reemplazando a la *coordinación de mercado* en una parte cada vez más importante de la economía, lo cual supuso la *managerial revolution*, una revolución en la dirección de la empresa.

Ahora bien, no es que la empresa sustituya al mercado como la fuerza principal en la producción; sino que se *reemplaza al mercado* en la coordinación y en la integración del flujo de bienes y servicios, desde la obtención de materias primas, pasando por los procesos de producción, hasta la venta al consumidor.

Pues, una vez constituida una jerarquía administrativa para su función de coordinación y asignación de recursos dentro de la empresa, la misma jerarquía se convirtió en fuente de estabilidad, de poder y de desarrollo continuado. La empresa moderna adquiere así una vida económica propia.

Los directivos se vuelven cada vez más técnicos y profesionales. Surgen las *burocracias empresariales* con conocimientos especializados, en las que la selección y el ascenso se basan en la formación, experiencia y rendimiento. Esta creciente profesionalización ha sido acompañada por la separación entre *dirección* y *propiedad*. La nueva relación entre gestión y propiedad ha ido configurando un capitalismo *gerencial*, ya que la dispersión de la propiedad obliga a que los ejecutivos tengan que tomar las decisiones.

La empresa administrada por *directivos* asalariados ha ido sustituyendo a la pequeña empresa familiar tradicional como instrumento para dirigir la producción y la distribución. La empresa se convirtió en una institución cada vez más poderosa de la economía y sus directivos en el grupo más influyente a la hora de tomar las decisiones.

Pero, a la vez, el capitalismo se ha ido haciendo también cada vez más *financiero*, porque los directivos tienen que compartir las decisiones de alto nivel con los representantes de las instituciones financieras.

La empresa, como *organización*, es alternativa al mercado, porque internaliza los intercambios y prescinde del sistema de precios del mercado. Realiza funciones semejantes a las del mercado, pero a través de otros procesos de coordinación menos costosos. La empresa moderna *reemplaza a los mecanismos de mercado en la coordinación de las actividades económicas y en la asignación de recursos*. En fórmula de Chandler, la *mano visible* sustituye, en muchos sectores, a la «mano invisible» de los mecanismos (fuerzas) del mercado.

El mercado sigue siendo el generador de la demanda de bienes y servicios, pero la empresa asume las funciones de *coordinar* el flujo de mercancías de los procesos de producción y de distribución y de asignar el capital y el trabajo para la producción y distribución futuras.

Ahora bien, en la organización de la empresa moderna es fundamental la estructura de la *autoridad*: alguien con autoridad tiene que dirigir y coordinar el trabajo; con una autoridad moral, basada en condiciones de *liderazgo* y *motivación*, capaz de orientar los esfuerzos y las contribuciones de los diversos miembros (factores) de la organización empresarial. Quien ejerce esta autoridad en la empresa es el *empresario*, cuya función es decisiva para resolver el conflicto de objetivos (mediante su jerarquización). Su autoridad consiste en el poder para ordenar, controlar las actividades y negociar las retribuciones a los factores (personas, productos y procesos). Esta estructura de autoridad en la empresa es fundamental para distinguirla del mercado.

Pero la figura y funciones del empresario han cambiado con el tiempo. El *empresario clásico* aporta capital y realiza, a la vez, las funciones de la dirección (planificar, organizar y controlar). Ha de tener conocimientos técnicos (ser innovador), habilidades directivas (saber administrar) y aportar el capital de su fortuna personal (responsabilizarse de los riesgos, beneficios y pérdidas). Sin embargo, a medida que se ha hecho más compleja la actividad empresarial se han ido separando la propiedad y el control de la empresa en el *empresariado contemporáneo*; y, por tanto, aumenta la distancia entre el inversionista (que asume riesgos mediante la aportación de capital) y el directivo profesional (que se dedica a la administración de empresas). La denominada «tecnoestructura» toma las decisiones y el accionista se convierte en un inversor financiero con derecho a dividendos, pero con poca influencia sobre las decisiones de la empresa.

El papel del nuevo empresario se va centrando progresivamente, pues, en la *función directiva* (cf. capítulo 5). De ahí que la figura actual del empresario sea la de un órgano individual o colectivo, que toma las decisiones para la consecución de objetivos que dependen de los diversos grupos de interés presentes en las empresas.

En este contexto también ha variado la estructura del poder en la empresa moderna, como ha señalado J. K. Galbraith: el poder que procede de la *riqueza* (del capital) y el que procede de la *personalidad* (del empresario) han cedido el paso al que deriva de la *organización*. Porque, así como el *capitalismo mercantil* estaba basado todavía en la propiedad principalmente de capital (recuérdese que su organización más destacada fueron las *compañías*, a las que se les concedía el monopolio del comercio en una región determinada), con el capitalismo de la revolución industrial el empuje de los *empresarios* y del *progreso tecnológico* abren el camino hacia una nueva configuración de la empresa moderna.

En el moderno *capitalismo industrial* lo decisivo es el *aumento de la importancia de la organización industrial*: la empresa comienza a ser gobernada por la estructura administrativa, que acabará siendo *la* dirección. La organización se convierte en la fuente dominante del poder, reemplazando a la propiedad.

Se ha pasado, por tanto, a la *época de las organizaciones*, en la que se produce una decadencia de la propiedad en favor de la dirección, debido a diversos factores como los siguientes: las dimensiones de la empresa, la sofisticación de la tecnología, la necesidad de dirección especializada y de talento comercializador, y la complejidad de la toma de decisiones. Así, pues, lo decisivo en la empresa es la *organización* y su capacidad *estratégica* para responder innovadoramente al reto competitivo del mercado y del desarrollo tecnológico.

Pero es preciso desarrollar esa capacidad de innovación estratégica de la empresa, sin perder de vista que ésta surge en el medio de una *organización como institución*, que, en cuanto tal, se propone como finalidad dar un sentido a toda la acción humana que coordina. ¿Qué es una institución —no podemos dejar de preguntarnos—?

Una institución se caracteriza por la consideración explícita de unos valores, con los que trata de identificar a las personas que la integran, perfeccionando los motivos de sus acciones y educándolos en ese sentido. La perspectiva institucional contempla la organización como un conjunto social que encarna unos valores que han de impregnar toda su actividad, porque son los valores capaces de conseguir la identificación de los miembros de la organización.

En último término, la estructura organizativa de la empresa descansa sobre la base de un mundo vital como comunidad moral en la empresa. Sus fines y objetivos, sus contratos e intercambios, sus relaciones instrumentales, han de contar, incluso para ser eficaces y, por supuesto, para tener sentido auténticamente humano, con una dimensión de comunidad, que puede interpretarse al menos de dos maneras: 1) conforme a un modelo *contractual-constitucional*, es decir, en forma de pacto social empresarial, o 2) según un modelo *comunicativo* (discursivo), según el cual la base fundamental de toda innovación y estrategia eficaz del *management* presupone una comunidad de trabajo cooperativo, regido por el sentido de la justicia y la solidaridad empresariales.

BIBLIOGRAFIA

Argandoña, A.: «Orden espontáneo y ética»: *Cuadernos del pensamiento liberal* 12 (1991), 33-47.
Aristóteles: *Política*, Instituto de Estudios Políticos, Madrid, 1970, libro I.
Bell, D.: *Las contradicciones culturales del capitalismo*, Alianza, Madrid, 1977.
Berger, P.: *La revolución capitalista*, Península, Barcelona, 1989.
Brenan, G. y Buchanan, J. M.: *La razón de las normas. Economía política constitucional*, Unión, Madrid, 1987.
Buchanan, J.: *Ética y progreso económico*, Ariel, Barcelona, 1996.
Coase, R. H.: «La naturaleza de la empresa»: *ICE* 67 (1970).
Conill, J.: *El enigma del animal fantástico*, Tecnos, Madrid, 1991.
Cortina, A.: *Ética aplicada y democracia radical*, Tecnos, Madrid, 1993.
Chandler, A. D.: *La mano visible*, Ministerio de Trabajo, Madrid, 1987.
Drucker, P. F.: *La sociedad postcapitalista*, Apóstrofe, Madrid, 1993.
Escudero, M.: *La transición al postcapitalismo*, Sistema, Madrid, 1992.
Galbraith, J. K.: *La anatomía del poder*, Plaza y Janés, Barcelona, 1984.
Garay, J. de: *El juego. Una ética para el mercado*, Díaz de Santos, Madrid, 1994.
García Marzá, V. D.: *Ética de la justicia*, Tecnos, Madrid, 1992.
Harrington, M.: *Socialismo pasado y futuro*, Sistema, Madrid, 1992.
Hirschmann, A. O.: *Las pasiones y los intereses*, FCE, México, 1978.
ICE 691 (1991): «Ética y economía».
Koslowski, P.: *Ethik des Kapitalismus*, Mohr, Tübingen, 1986.
Ovejero, F.: Mercado, ética y economía, Icaria/Fuhem, Barcelona/Madrid, 1994.
Schwartz, P. y Martin, V.: «La ética del amor propio en Spinoza, Mandeville y en Adam Smith»: *ICE* 691 (1991), 31-43.
Sen, A.: *Sobre ética y economía*, Alianza, Madrid, 1989.
Smith, A.: *La riqueza de las naciones*, FCE, México, 1982.
—: *Teoría de los sentimientos morales*, FCE, México, 1979.
Sombart, W.: *El burgués*, Alianza, Madrid, 1972.
Termes, R.: *Antropología del capitalismo*, Plaza y Janés/Cambio 16, Barcelona, 1992.
Ulrich, P.: *Transformation der ökonomischen Vernunft*, Haupt, Bern, 1987.
Weber, M.: *La ética protestante y el espíritu del capitalismo*, Península, Barcelona, 1975.

Capítulo 4

ETICA DE LA EMPRESA

En los capítulos que preceden hemos intentado ir aclarando qué es la ética y cómo se aplica este saber al caso de la empresa, cómo debe entenderse una ética de la empresa que se sepa inscrita —como de hecho lo está— en el marco de una ética cívica y, por último, cuál es el marco económico en que se encuadran las empresas de nuestro tiempo y qué modelos de empresa vendrían exigidos por diversas formas de entender ese marco. A través de esas etapas hemos llegado a este capítulo en que nos proponemos considerar con detención por qué nace la ética empresarial, qué es y cuáles son sus características, para pasar, en los dos últimos capítulos, a aplicar lo ganado en estos cuatro primeros a dos aspectos esenciales de la ética empresarial: la ética del directivo y el llamado *consulting* ético.

Precisamente para acometer la tarea de aclarar qué sea la ética empresarial, parece oportuno empezar por reseñar algunas de las dificultades que ha encontrado para su nacimiento y expansión, porque existe todavía una opinión bastante generalizada de que términos como «ética» y «empresa» son difíciles de enlazar, por no decir imposibles. Como dijimos en el capítulo 1, suele entenderse que la empresa se rige por la racionalidad estratégica, mientras que la ética se atiene a la comunicativa, con lo cual parece que necesariamente han de entrar en conflicto. Sólo si superamos tales obstáculos, exponiendo las razones por las que la ética empresarial es posible y necesaria, podremos continuar con nuestra tarea.

I. DIFICULTADES DE UNA ETICA EMPRESARIAL

1. Desconfianza del empresariado

La primera de tales dificultades surge en el mundo empresarial mismo a partir de la *desconfianza que siente buena parte del empresariado hacia la ética*. Desde esa desconfianza surgen posiciones con respecto a las relaciones entre ética y empresa que, sin ánimo de exhaustividad, podríamos ordenar del siguiente modo:

a) *Para hacer negocio es preciso olvidarse de la ética común y corriente*, porque los negocios tienen sus propias reglas de juego, regidas por una ética propia. Quien quiera hacer negocio ha de dejar la ética en la puerta de la empresa, como dejan los musulmanes el calzado a la puerta de la mezquita.

b) *La misión de la empresa consiste en maximizar beneficios*, en términos de dinero, prestigio y poder, de suerte que es ésta una guerra en la que cualquier medio es bueno, cualquier medio queda justificado, si conduce al fin. No hay valor superior en este mundo al de la cuenta de resultados, y tirios y troyanos convienen en afirmar que «el negocio es el negocio».

c) La ética debe limitarse en la empresa a unos mínimos, que en realidad coinciden con *el cumplimiento de la legalidad y la sujeción a las leyes del mercado*. La empresa debe, por tanto, preocuparse de ganar dinero, que ya los mecanismos del mercado y los poderes públicos se preocuparán de las cuestiones sociales imponiendo las leyes adecuadas, de suerte que una específica ética de la empresa resulta superflua. Con la conciencia personal y la legalidad vigente, los problemas de moral están resueltos.

2. ¿Cosmética o necesidad?

Por otra parte, un buen número de autores se pregunta si la sociedad, al reclamar una mayor ética de los negocios, está aludiendo a una necesidad, o más bien está tranquilizando su mala conciencia dando la apariencia de que la ética le parece fundamental en la empresa, igual que en la política o la información. ¿Es, pues: una necesidad, un efecto cosmético, o incluso un nuevo opio del pueblo, que adormece la conciencia de los explotados para que no se percaten de que lo son?

Formular una pregunta como la anterior no es sólo cuestión de mala fe o de desconfianza universal, sino un recelo bien fundado en la historia de la humanidad, preñada de construcciones ideológicas dirigidas, de modo más o menos consciente, a proteger los intereses de la clase dominante.

Cierto que los intereses no serían ahora de clase dominante porque la división de clases, practicada desde la diferente posición ocupada en relación con la propiedad de medios de producción como el capital, está ya fuera de lugar, y algunos autores como P. F. Drucker afirman que el factor de producción realmente decisivo en la sociedad postcapitalista es el saber. Las «clases» de la sociedad postcapitalista, anuncia Drucker, son los trabajadores del saber y los trabajadores de los servicios, y la nueva dicotomía se producirá entre los intelectuales y los gestores: los primeros se ocuparán de palabras e ideas; los segundos, de personas y trabajo.

Sin embargo, un buen número de sospechas siguen siendo inevitables, habida cuenta del triunfo de la razón manipuladora, no sólo en la empresa, sino en el conjunto de las relaciones humanas:

— ¿Qué credibilidad puede darse a una presunta visión común, recogida en un código de conducta —preguntan algunos, como Lipovetsky—, cuando ésta no evita las prácticas de fusión y adquisición salvaje de empresas, de reestructuración y despidos más o menos brutales, más o menos masivos?

— ¿En qué se diferencia el proyecto de empresa de un efecto cosmético, cuando lo impone el equipo directivo sin debate colectivo, y no le acompañan los cambios adecuados en las prácticas cotidianas de la empresa?

— Sin transformaciones coherentes en la organización, ¿no se vuelve la gestión participativa contra ella misma, exacerbando las sospechas y la desmotivación de los trabajadores?

— ¿No parece que en realidad no importa el contenido del proyecto, sino crear la sensación de que hay algo compartido, que existe una comunicación?

— ¿No hay, pues, una manipulación a cuento de los valores?

La conclusión de este cúmulo de sospechas no puede ser sino la de que es ésta una ética sumamente ambigua, porque se dice en ella que los ideales son lo primero y, sin embargo, lo es en realidad la eficacia de la empresa, que intenta ahora lograrse a través de la motivación y la adhesión del personal. La presunta transparencia y comunicación, el trato a trabajadores y consumidores como interlocutores válidos, forma parte entonces del cálculo estratégico, hasta el punto de que tiene sentido preguntarse si se trata *de un nuevo opio del pueblo o de una necesidad*.

En este trabajo defenderemos que, aunque la ética de la empresa *pueda ser utilizada* como cosmético y como opio, de igual manera que pueden serlo todos los valores, es *una auténtica necesidad* para las empresas y para la sociedad, como lo han ido mostrando sobradas razones desde su nacimiento.

3. *¿No es imposible ser empresario y comportarse éticamente?*
   De la ética de la convicción a la ética de la responsabilidad convencida

El último de los obstáculos que citaremos de entre los que ha encontrado la ética empresarial para nacer y desarrollarse ha consistido en el modo que el hombre de la calle tiene de entender lo que significa «ética» y que se encuentra un tanto alejado de lo que aquí venimos aclarando.

En el uso común se entiende la ética como un conjunto de mandatos que deben ser cumplidos sin atender ni a las circunstancias en las que el sujeto debe actuar, ni a las consecuencias que previsiblemente se seguirán de la actuación. Quien obra en contra de estos mandatos —se piensa—, actúa de forma inmoral. Y como el empresario se encuentra en muchas ocasiones entre el deber de cumplir esos mandatos morales y el deseo de obtener beneficio, podrá obrar moralmente en su vida familar, pero no en la empresa. Con lo cual no es posible ser empresario y obrar moralmente bien, pero tampoco tiene sentido hablar de una ética de la empresa.

Es ésta una confusión que urge aclarar, porque este modo de entender la ética sólo coincide con una de las formas de comprenderla, que el célebre sociólogo alemán M. Weber denominó *ética de la convicción*, cuando la ética de la empresa debería seguir más bien el modelo de la llamada —también por Weber— *ética de la responsabilidad*. Explicaremos brevemente estos dos conceptos, porque son fundamentales para entender que sí es posible una ética empresarial, situada entre la absolutista ética de la convicción y el simple pragmatismo, y para ello recurriremos a la reflexión que M. Weber hizo sobre el tipo de ética que debe asumir el político, para aplicarlo, por nuestra parte, al empresario.

Es ya un tópico de la ética aplicada a la política remitirse a la conferencia de M. Weber «Política como vocación», en la que plantea nuestro autor abiertamente la pregunta sobre el tipo de moral que debe encarnar un político. Para intentar responderla realiza una distinción, que ha hecho fortuna, entre una *ética de la convicción o de la intención* y una *ética de la responsabilidad*. La primera prescribe o prohíbe determinadas acciones incondicionadamente como buenas o malas en sí, sin tener en cuenta las condiciones en que deben realizarse u omitirse ni las consecuencias que se seguirán de su realización u omisión; la ética de la responsabilidad, por su parte, ordena tener en cuenta las consecuencias previsibles de las propias decisiones y las circunstancias en que se toman.

Ahora bien, a juicio de Weber, sería injusto con la ética de la convicción creer que quienes la profesan se desinteresan de las consecuencias de sus acciones, porque no es éste el caso. Lo que ocurre más bien es que el ético de la convicción es un «racionalista cósmico-ético», que no acepta la irracionalidad ética del mundo, las antinomias de la acción. Le resulta imposible creer que de una acción mala puedan seguirse consecuencias buenas y que de una acción buena puedan seguirse malas consecuencias. Por eso prohíbe recurrir a medios dudosos bajo pretexto de conseguir un fin bueno, porque para él nunca un buen fin justificará la elección de un medio dudoso.

Y, sin embargo —prosigue Weber—, la ética de la convicción choca en múltiples ocasiones con «las antinomias de la acción», porque no hay ni ha habido ninguna ética que «pueda eludir el hecho de que para conseguir fines "buenos" hay que contar en muchos casos con medios moralmente dudosos o, al menos, peligrosos, y con la posibilidad, e incluso la probabilidad, de consecuencias naturales moralmente malas».

De hecho, todas las religiones se han visto obligadas a justificar una violencia mínima, aunque en la base de la ética de la convicción latiera la confianza de que Dios se hace cargo de las consecuencias. Temas como los de la guerra justa, el homicidio justificado en legítima defensa o la justificación de dar muerte al tirano en determinados casos, son un buen ejemplo de cómo estas éticas de la convicción se han visto obligadas a legitimar un mínimo de violencia, un medio dudoso por un fin bueno.

Parece, pues, que responder a la pregunta por la ética que debe asumir el político no vaya a ofrecer muchas dificultades, porque sin duda ha de ser responsable de las consecuencias que de sus decisiones se sigan ante el pueblo que le ha elegido para conducirle a buen puerto. Con lo cual el político adoptaría una ética de la responsabilidad.

Ciertamente, ésta es la respuesta de Weber, pero no toda la respuesta, porque —según él— tampoco es lícito olvidar la otra cara de la moneda: tampoco es lícito olvidar el hecho de que «ninguna ética del mundo puede resolver cuándo y en qué medida quedan "santificados" por el fin moralmente bueno los medios y las consecuencias moralmente peligrosos». De ahí que el puro ético de la responsabilidad, carente de convicciones, sea también desaconsejable, porque se transforma en un puro calculador de consecuencias, en un pragmático inmoral, que ya no sirve a la causa para la que fue elegido. Por eso, el político ha de servir a la causa por la que fue elegido y de la que dice estar convencido, porque es ella la que *da sentido a su actividad.*

La actitud moral del político no puede, pues, decantarse por la pura convicción ni por el puro pragmatismo: ambos en estado puro son inmorales. Entre la convicción intolerante y el pragmatismo del «todo vale», la actitud que conviene al hombre llamado a la política es la *responsabilidad convencida.*

Ciertamente, estos trazos del texto weberiano son ya un lugar común en la ética política, pero lo que conviene aquí aclarar es que *deben aplicarse a la ética de la empresa.* Porque, como *actividades humanas*, tanto la política como la empresa tienen un fin que les es propio y que les legitima y da sentido; pero a la vez cada una de ellas obliga a tomar decisiones cuyas consecuencias es preciso tener en cuenta precisamente para alcanzar ese fin; y ninguna de las dos puede diseñar *a priori* las acciones concretas que sí deben ser hechas y las que deben ser evitadas, prescindiendo de los contextos en que se desarrollan.

Por eso la ética discursiva defiende, sobre todo desde la perspectiva de Apel, que a la hora de actuar es preciso mediar la racionalidad comunicativa con la estratégica; es decir, que es preciso considerar a cuantos intervienen en la actividad empresarial (directivos, trabajadores, consumidores, proveedores) como interlocutores válidos con los que es preciso relacionarse *comunicativamente*, de suerte que se respeten sus derechos e intereses, pero a la vez es necesario recurrir a *estrategias* para tratar de alcanzar el fin de la empresa, que es la satisfacción de necesidades sociales a través de la obtención del beneficio.

Cómo *articular en los casos concretos* ambos tipos de racionalidad es cosa que la ética empresarial no puede precisar *a priori*. Su tarea consiste en dilucidar el sentido y fin de la actividad empresarial y en proponer orientaciones y valores morales específicos para alcanzarlo. Las decisiones concretas quedan en manos de los sujetos que tienen que ser *responsables* de ellas y, por tanto, no pueden tomarlas sin contar con el fin que se persigue, los valores morales orientadores, la conciencia moral socialmente alcanzada y los contextos y consecuencias de cada decisión.

II. RAZONES PARA EL NACIMIENTO DE LA ETICA EMPRESARIAL

A partir de la década de los años setenta empieza a ponerse de moda, tanto en Estados Unidos como paulatinamente en Europa, la llamada «ética de los negocios» (*business ethics*), que recibe también otros nombres como «ética empresarial», «ética de la gestión», «ética de la organización» o «ética de la dirección», todos ellos justificados —como veremos— desde distintas perspectivas.

Revistas especializadas se consagran en exclusiva a este tipo de ética, como es el caso del mensual *Journal of Business Ethics*, los trabajos sobre el tema menudean, empiezan a crearse cátedras exclusivamente dedicadas a la materia y también asociaciones, tanto internacionales —como es el caso de la *European Business Ethics Network* (*EBEN*)— como nacionales (por ejemplo, la *Asociación Española de Ética de la Economía y de las Organizaciones*). ¿Qué acontecimientos han desencadenado esta inusual y febril actividad, que algunos califican de «moda», mientras otros piensan que es una auténtica necesidad? Sin afán ninguno de ser exhaustivos, presentaremos razones como las siguientes:

1. *Urgencia de recuperar la confianza en la empresa*

En principio, convienen los expertos en afirmar que fueron escándalos del tipo del Watergate los que provocaron la necesidad de reconstruir la *credibilidad* de las empresas, que no parecían pertrechadas de valores como para satisfacer las expectativas del público. Buen número de investigadores y empresarios trató de indagar en la teoría y en la práctica si la irresponsabilidad social es consustancial al sistema y a las instituciones económicas o si, por el contrario, la ética produce beneficios, como han mostrado algunos líderes empresariales. La falta de credibilidad no resulta ser una carta de triunfo en el mundo del negocio y la *confianza* fue convirtiéndose de nuevo explícitamente en el valor empresarial, que, en realidad, nunca había dejado de ser.

2. *Necesidad de tomar decisiones a largo plazo*

Pero la confianza es una actitud que necesita *tiempo* para mostrarse y es éste del tiempo, del largo plazo, otro de los factores que por entonces llevó a repensar la presunta neutralidad moral de la empresa. ¿No es cierto que las empresas deben asumir la responsabilidad de sus decisiones con vistas al *futuro*? ¿No es cierto que su tiempo no es el presente, el corto plazo, sino el *largo plazo*?

Una empresa que se plantea únicamente el máximo beneficio en un corto plazo es de hecho suicida y mal va a poder sobrevivir en estos tiempos de dura competencia, en que la *responsabilidad a largo plazo* es una garantía de supervivencia. Curiosamente —y esto es un hecho—, los grupos de empresas más responsables son los que han tenido mejores cuentas de resultados: por decirlo con Tuleja, en el largo plazo el más allá de la ética (los valores éticos) refuerza el más acá de la cuenta de resultados. ¿No hemos de decir entonces que la ética, o al menos un tipo de ética, es rentable?

3. *La responsabilidad social de las empresas*

Por otra parte, la concepción de la empresa cambia sustancialmente en los últimos tiempos, desde entenderla como el terreno de hombres sin escrúpulos, movidos exclusivamente por el afán de lucro, a considerarla como una institución socioeconómica que tiene una seria *responsabilidad moral con la sociedad*, es decir, con los consumidores, accionistas, empleados y proveedores. La empresa es una organización, es decir, tiene un tipo de entidad que se distiende en pasado, presente y futuro y que no se reduce a la suma de sus miembros; a su vez esa entidad ha de cumplir unas *funciones* y asumir claras *responsabilidades sociales*, es decir, ha de tomar *decisiones morales*, como veremos con más detalle en el capítulo 6. No quiere decir esto que la responsabilidad de los individuos se diluya en la del conjunto de la empresa, sino que *la ética no es sólo individual, sino también corporativa y comunitaria*.

En efecto, en una época como la nuestra en la que retos como los ecológicos exigen ir más allá de la ética personal del deber y asumir que los colectivos son responsables de las consecuencias de sus acciones, el *paso del deber personal a la responsabilidad colectiva*, en este caso a la *corporativa*, está dado. Y ello se muestra también en un mundo como el empresarial en el que empieza a esclarecerse que, no sólo los individuos son moralmente responsables, sino también las empresas.

Unido todo ello al incremento del poder nacional y transnacional de las empresas, una ética empresarial se hace, no sólo posible, sino necesaria, y las empresas empiezan a preocuparse por el tipo de formación que desean ofrecer a sus miembros.

4. *Necesidad de una ética de las organizaciones*

La empresa es una *organización*, y sucede que, como ya hemos comentado, las organizaciones constituyen el núcleo básico a partir del cual se organizan las sociedades en los países postcapitalistas. La clave de tales sociedades no es ya tanto la familia o el Estado-nación, como las organizaciones. Una ética de las organizaciones es, pues, indispensable para *reconstruir el tejido de una sociedad*, para *remoralizarla*, en el sentido que hemos ido exponiendo a lo largo del libro.

5. *Una época managerial*

En esta ética de las organizaciones va mostrándose como indispensable la capacidad managerial y, en consecuencia, la figura del manager, que va siendo un personaje central del mundo social.

En este sentido, resulta muy ilustrativo recordar un apunte de MacIntyre en su libro *Tras la virtud*, en el que señala que el manager es uno de los personajes centrales de la sociedad postcapitalista, si es que queremos representarnos dicha sociedad como una pieza teatral para entenderla mejor. En efecto, una de las formas de comprender la sociedad de una época determinada consiste en imaginarla como una pieza de teatro en la que los miembros de la sociedad representan distintos papeles. Si prestamos atención al drama, nos percataremos de que en su desarrollo aparecen algunos personajes clave, en torno a los cuales gira la trama de la obra. En cada época son distintos estos personajes, y sucede que en la nuestra uno de ellos, sumamente representativo, es el *manager*. No en vano en algunos libros se habla, no sólo de una cultura managerial, sino incluso de una época managerial. ¿Quién es el manager?

El *manager* es una persona que tiene claros los objetivos que se propone alcanzar y desarrolla una gran habilidad para imaginar y crear medios que le permitan alcanzarlos. Dotado de iniciativa, imaginación y capacidad innovadora, jamás queda anclado en las soluciones ya conocidas, sino que, con un prodigioso instinto de adaptación, imagina posibilidades nuevas, nuevas estrategias. Todas ellas encuadradas en un marco de negociación y no de conflicto, porque el coste de la negociación, por elevado que sea, es inferior al del conflicto.

El manager, por otra parte, trabaja como un escultor, que saca de cada tipo de materia prima la escultura más adaptada al material. Porque trabaja con hombres —*el hombre es el principal recurso de una empresa*— y a los hombres no se les puede cambiar totalmente, sino que es preciso ir «explotando» sus aptitudes, colocándolos en los puestos en que puedan resultar más eficaces. El beneficio que se logrará con ello es doble, porque no sólo la empresa podrá valerse de las capacidades de los hombres con que cuenta, sino que éstos se sentirán a la vez más satisfechos de su contribución y más identificados con su trabajo.

6. *La figura del directivo*

Si consideramos la empresa como una organización, como un proceso organizativo, entonces es preciso poner el énfasis en la interrelación del conjunto de elementos que configuran el proceso de constitución de la organización y la comprensión de sus finalidades como clave para comprender los procesos de toma de decisión. La gran pregunta es entonces: *¿qué tipo de directivos hay que educar para qué tipo de organizaciones?* La educación y el desarrollo moral habrán de pasar a formar parte de un desarrollo organizativo, en que es nuclear la atención al área de *Recursos humanos*, como veremos en el próximo capítulo.

Esta centralidad de la figura del directivo dará paso al nacimiento de toda una *moral de la excelencia*, que llevará al directivo a identificar en múltiples ocasiones su ideal de felicidad con el que antes calificamos de «perfección»: el directivo tiene que intentar la perfección en su trabajo, logrando desarrollarlo con «cero defectos», hasta conseguir la excelencia.

7. *Un medio para recuperar la comunidad frente al individualismo*

A mayor abundamiento, esta ética de las instituciones encuentra en nuestros días un terreno social abonado como para enraizar en él, porque —según voces autorizadas— la cultura individualista en que vivimos, generada por la Modernidad, ha producido y produce tal cúmulo de insatisfacciones, que los individuos están deseando integrarse en comunidades y corporaciones para recuperar su *yo concreto*.

La cultura moderna habla de los hombres como sujetos de derechos y también como sujetos de deberes, incluso como ciudadanos del mundo, pero parece olvidar las raíces concretas: parece olvidar que los hombres devenimos personas a través de comunidades concretas, como la familia, la Iglesia, la escuela. Es en las comunidades —se dice— donde aprendemos los valores morales que después defendemos, por mucho que los depuremos, y sólo si pertenecemos a algún tipo de comunidades con las que nos identificamos podemos seguir defendiendo valores.

Este desamparo en que nos deja el individualismo moderno explica, por ejemplo, el auge de las sectas, en las que los individuos se sienten arropados por un grupo con el que se identifican y que les reconoce en su persona y valor. ¿No puede ser la empresa una comunidad que propone a sus miembros un mundo de *sentido*, es decir, que les propone una *identidad*, un *sentido de pertenencia*, unos *valores compartidos*, una *tarea común*, un *bien común* que no difiere del de cada uno de los miembros, e incluso un sentido de la «excelencia», que el universalismo individualista es incapaz de considerar?

Todo ello va componiendo una *cultura corporativa* o de las organizaciones, en la que el yo concreto se siente integrado, arropado. Empezando por la comunidad familiar y continuando por las corporaciones de las que somos miembros —empresa, universidad, hospital, administración—, los individuos recobramos en ellas el sentido concreto de nuestras vidas. ¿No significa esto en definitiva apelar a una *ética comunitarista*, que va de la sola eficiencia descarnada a la *confianza*, de la cantidad a la *calidad*, del conflicto a la *cooperación*, del negocio salvaje a la *responsabilidad*?

8. *¿Héroes? No, gracias*

Por otra parte, una *ética de las instituciones* —entre ellas, la empresa— se va haciendo también urgente para superar una de las *situaciones dilemáticas* en que hoy se encuentran los individuos, en lo que a la moral concierne. ¿En qué consiste el dilema?

Consiste en que, por un lado, todas las instancias sociales reclaman un aumento de la moralidad, exigen que las personas sean morales en sus actuaciones, mientras que, por otra parte, se afirma, también públicamente, que no queremos héroes.

Según algunos autores que intentan tomar el pulso a nuestro tiempo, pasó la época en la que se admiraba a los héroes y a los mártires y se les ponía como modelo. Los llamados «mandatos categóricos», que ordenan obrar de una manera correcta, aunque no se siga ninguna gratificación de su cumplimiento, han dejado de interesar al público. Cada quien desea que se respeten sus derechos en el seno de una sociedad debidamente ordenada a tal efecto, pero nadie desea realizar aquel tipo de acciones que en la moral tradicional se llamaban *supererogatorias*, porque no podían exigirse a todo el mundo, sino que eran cosa de héroes.

Pedir a alguien que arriesgue su vida por salvar a otro hombre o que la dedique al cuidado de sus semejantes, son actos supererogatorios: acciones que cumplen personas de gran calidad moral, pero no pueden exigirse a todos. Y, ciertamente, con ejemplos como éstos se ve muy claro qué significa lo heroico. Pero el dilema de nuestra época —al que aludíamos— consiste en que, por una parte, las personas no quieren comportarse como héroes y, por otra, desean comportarse moralmente en el seno de unas instituciones, que en realidad exigen conducirse heroicamente a quienes quieran alcanzar los fines que se proponen.

Porque una empresa tiene por meta en realidad satisfacer necesidades sociales sin engaños, dentro de un marco moral de respeto a los derechos de consumidores, empleados y proveedores, y si está diseñada según este esquema y lo sigue en su funcionamiento, las decisiones que tomen quienes trabajen en ella serán correctas desde un punto moral sin necesidad de esfuerzos y sacrificios; pero si el diseño y funcionamiento de la empresa es otro, si pone el beneficio económico a corto plazo por delante de la satisfacción de las necesidades de los consumidores o del respeto a los derechos de las personas, entonces quienes en el seno de ella quieran tomar decisiones moralmente correctas, habrán de comportarse de manera heroica, jugándose incluso en ocasiones el puesto de trabajo. Cosa que, como sabemos, ocurre habitualmente.

En efecto, otra de las razones que ha impulsado la creación de una ética de la empresa es la situación de intranquilidad en la que se encuentran muchos directivos, cuando tienen que tomar decisiones, exigidas por la empresa, pero que ellos sienten como inmorales en conciencia. El hecho de que en múltiples ocasiones se produzca esta situación, ¿no quiere decir que el diseño y funcionamiento de la empresa es el que no es moralmente correcto, y que es preciso remoralizarla para que sus miembros puedan comportarse moralmente sin necesidad de heroicidades?

Porque si, por una parte no queremos ser héroes, por otra, las empresas no siguen orientaciones morales y, por último, se pide a las personas que trabajan en ellas que obren moralmente, la situación es insoluble. La única solución razonable consiste en remoralizar la empresa, recordando cuáles son los fines que le dan sentido y le legitiman socialmente, y adaptando su funcionamiento y su estilo —su carácter— a tales fines. Entonces quienes trabajan en ella podrán actuar moralmente sin ser héroes ni mártires.

9. *Imposibilidad de eludir el nivel postconvencional*

Todos estos cambios en el modo de entender tanto la sociedad como la empresa explican el surgimiento de la ética de la empresa y el creciente interés que despierta. Pero todavía explican algo más, y es que, como ya hemos dicho y expondremos con más detalle, la ética de la empresa no es una moda, no es una cosmética: *es una auténtica necesidad social*.

Difícilmente vamos a remoralizar las sociedades postcapitalistas, a dotarles de un estilo, de un carácter que les permita hacer elecciones con altura humana, si no revitalizamos las organizaciones y, en el seno de éstas, las empresas. No habrá ética cívica —decíamos— sin ética política, ecológica, de la información, etc. Y, muy especialmente, sin ética empresarial, puesto que la empresa es la organización por excelencia de nuestro momento.

Pero, además, la ética empresarial es una necesidad también al segundo nivel de ética del que hablamos: organizaciones e instituciones que pretendan ignorar el respeto a los derechos humanos y a los valores que ya hemos comentado, actúan en contra de los conocimientos morales que la razón humana ya ha alcanzado y quedan deslegitimadas. Porque, siguiendo a autores como Kohlberg, Apel o Habermas, las sociedades postcapitalistas han alcanzado en el plano moral lo que se llama el *nivel postconvencional*, en el que no se considera justo lo que se adecúa a las normas de una sociedad concreta, sino a principios universales, a derechos humanos y valores superiores. Por eso las personas, conscientes de ser sujetos de esos derechos y valores, no van a permitir recibir un trato inferior al que merecen.

¿Qué es entonces la ética empresarial, que nace respaldada por tantas razones?

III. ¿QUÉ ES LA ÉTICA EMPRESARIAL?

Para responder a esta pregunta es de rigor acudir en primer término a distintos textos de la materia, en los que encontramos caracterizaciones como las siguientes:

1. *La ética de los negocios es un modo de resolver moralmente conflictos de acción*

Según algunos autores, la necesidad de considerar distintos cursos de acción y llegar a decisiones *justificadas* en el mundo de los negocios pondría en primer término ese modo de entender la reflexión moral, que es el de ayudar a determinar los términos de la discusión y a llegar a acuerdos justificados. Porque que las decisiones últimas hayan de ser personales no implica que sean subjetivas, es decir, que no se puedan compartir y ser tenidas como racionales por otros interlocutores racionales, y en este sentido la ética posibilitaría llegar a acuerdos morales racionales en un proceso de argumentación. En este sentido se pronuncia, por ejemplo M. T. Brown, para quien «aunque pueda resultar extraño, el propósito de la ética no es que la gente sea más ética, sino que sea capaz de tomar mejores decisiones».

Distingue Brown certeramente entre una ética negativa, que es una ética de prohibiciones, y una ética positiva, que aconseja lo que debemos hacer, y entiende que la ética de la empresa tiene que ser más propositiva que prohibitiva: no se trata —como ha ocurrido tantas veces en moral— de hacer un catálogo de prohibiciones, sino de ayudar a tomar decisiones. «La ética —según Brown— es el proceso de decidir lo que debe hacerse. Todas estas decisiones podrían generar un código ético, pero en realidad la meta consiste en generar recursos para que las personas puedan tomar mejores decisiones». En este proceso será preciso contar con propuestas, observaciones, juicios de valor y supuestos.

Por tanto, la reflexión ética se entiende como un análisis de la argumentación que permite tomar decisiones mejores y justificadas y llegar a acuerdos, para lo cual es necesario atender a tres elementos: el proceso de toma de decisiones, los sistemas de producción y mantenimiento y la cultura.

Precisamente por lo que hace a la cultura, entiende Brown que las organizaciones son *comunidades morales*, lo cual significa que la interacción y las relaciones humanas presentes en ellas tienen una significación moral y que en ellas hay solidaridad, en el sentido de que existe una unidad que prevalece frente a los conflictos y desacuerdos. Las organizaciones son además *agentes morales*, porque pueden considerar cursos de acción alternativos, elegir uno u otro y justificar la decisión apelando a normas apropiadas de conducta.

2. La ética de los negocios concierne a las relaciones externas e internas en la empresa

Según otros autores, como es el caso de Gélinier, la ética de los negocios es la que concierne a las *relaciones externas de las empresas* o de los profesionales independientes con sus clientes, proveedores, con los poderes públicos, etc., y a las *relaciones internas entre personas en la empresa*, incluyendo a los dirigentes. Se trata en ella de destacar los valores positivos que permiten juegos de no suma cero frente a la idea del juego de suma cero, es decir, se trata en ella de optar por un modelo de cooperación frente a un modelo de conflicto. A mi modo de ver, aquí entran con pleno sentido los llamados *códigos de conducta*, que hoy están cobrando un auge espectacular, no sólo en las empresas, sino en otros tipos de instituciones y actividades, como es el caso de Hospitales, el de la Administración Pública, o el de la Prensa, entre muchos otros.

3. Ética de la dirección y la gestión

Desde esta perspectiva, en una primera fase la ética de los negocios se plantea como una rama de la ética, que trata de aplicar a los negocios unos principios éticos. La transición a una segunda fase se produce cuando, a través de la consideración moral de la acción de los directivos, se percatan de que lo son de organizaciones: las organizaciones tienen obligaciones sociales, que trascienden sus funciones económicas. En una tercera fase se tiene una visión más directiva de la responsabilidad social: se trata de reconstruir la legitimidad de la organización, y para ello es necesario comprender la organización como proceso organizativo, poner énfasis en los procesos de toma de decisión, y en la interrelación del conjunto de elementos que configuran el proceso de constitución de la organización y la comprensión de sus finalidades como clave para comprender los procesos de toma de decisión.

La gran pregunta es entonces: *¿qué tipo de directivos hay que educar para qué tipo de organizaciones?* La educación y el desarrollo moral habrán de pasar a formar parte de un desarrollo organizativo, en que es nuclear la atención al área de *Recursos humanos*.

4. La ética empresarial en el contexto de una ética de las instituciones

Para una corriente que —a mi modo de ver— vendría a englobar las anteriores, y en la que contarían autores como S. García Echevarría, la ética empresarial debería contar con los siguientes elementos:

a) La empresa es, en primer lugar, un *sistema de valores*, con potenciales que han de aflorar a través de una cultura corporativa.

b) Las instituciones —también las empresas— han de redefinirse desde sus *finalidades* y, por tanto, desde los *valores* que las identifican.

c) Lo ético es una exigencia de los *sistemas abiertos*: en los sistemas cerrados lo moral se identifica con lo legal, mientras que en los sistemas abiertos, desregulados, el hombre necesita normas de comportamiento que descansen en los valores de la institución, en nuestro caso, de la empresa. Tales normas encarnadas en la conducta componen una *cultura empresarial*.

d) Lo ético es *rentable*, entre otras cosas, porque reduce costes de coordinación externos e internos en la empresa: posibilita la identificación con la corporación y una motivación eficiente.

e) La cultura propia de la empresa permite *diferenciarla* frente a los competidores.

f) Todo ello requiere una clara concepción del papel del *directivo*, que se identifica con la corporación y tiene capacidad para integrar hombres.

Estos rasgos van componiendo sin duda lo que llamamos una *cultura empresarial*, expresiva de una *peculiar ética de la empresa,* y conviene recordar —llegados a este punto— que no los hemos obtenido a partir de una ética aplicada que funcione *more* deductivo; es decir, que no hemos enunciado al comienzo algún principio ético general con contenido y después lo hemos aplicado al caso especial de la empresa, sino que hemos acudido al *mundo mismo de la empresa,* tal como se configura a la altura de nuestro tiempo, y en él hemos ido descubriendo esos rasgos que nos permiten comprenderlo mejor y a la vez orientarlo moralmente.

Pero, a la vez, en la peculiaridad del actual mundo de la empresa, en la entraña misma de los rasgos que lo caracterizan, hemos ido leyendo elementos éticos comunes a otros ámbitos de la vida social; elementos que, como antes decíamos, van componiendo los rasgos de una ética mínima. Y es en el contexto de esta ética mínima en el que, a mi juicio, cobra todo su sentido la ética de la empresa.

5. *La ética empresarial como concreción de una ética cívica*

Bueno parece en este momento recordar aquellos modos de entender lo ético, a los que nos referimos en el capítulo 1, y que efectivamente se dibujan también en el trasfondo de la ética empresarial:

a) Es una empresa *desmoralizada* la que, ignorando el fin propio de la actividad empresarial (la producción de riqueza para satisfacer necesidades humanas), carece de un proyecto compartido en el que merece la pena emplear las fuerzas, o la que lo ha olvidado y la que carece de fuerzas para llevarlo adelante; la que no considera la calidad de sus productos como el valor más elevado de su tarea; pero también la que, descuidando la naturaleza misma de la empresa como grupo humano, al servicio de grupos humanos, mantiene relaciones humanas *ad intra* y *ad extra* puramente instrumentales, como si la pura instrumentalización, sin dosis alguna de comunicación, fuera la relación propia del mundo empresarial.

Por el contrario, es una empresa *alta de moral* la que tiene arrestos para enfrentar los retos vitales, porque cuenta con un proyecto compartido, del que forman parte la producción de calidad, la generación de confianza, la comprensión de las relaciones humanas no sólo como instrumentales, no sólo como regidas por el derecho, sino también como comunicativas y cooperativas.

b) También resulta innegable que quienes cooperan en la empresa tienen que recurrir a una razón prudencial, que genera *recursos para tomar decisiones correctas*, y enseña a actuar de este modo, como Brown nos recuerda. El cálculo de las consecuencias y la maximización del beneficio son, pues, también componentes de la ética de la empresa.

c) Sin embargo, estos dos modos de entender lo moral resultan insuficientes para dar cuenta de la ética empresarial, que hoy acusa en alto grado el *impacto del comunitarismo* y, por otra parte, no puede sustraerse en modo alguno al marco *deontológico postconvencional*, que conviene al nivel de desarrollo de nuestra conciencia moral.

En efecto, el ideal comunitario parece adecuado para dirigir una actividad como la económica, en la medida en que los miembros de la empresa cobran su *identidad* en el seno de un grupo que comparte una *meta común*, refuerzan su sentido de *pertenencia* al grupo frente a la tentación del individualismo abstracto, desarrollan unas *virtudes* necesarias para alcanzar la meta compartida, y distribuyen entre sí las *funciones* atendiendo a la *excelencia*. Porque a todos interesa que la empresa logre el mayor grado de eficiencia posible y por eso, para cumplir sus metas, tienen que dirigirla los mejores.

Ahora bien, la hodierna ética cívica, el nivel moral alcanzado por una sociedad democrática y pluralista, no queda satisfecho con la racionalidad prudencial y la comunitaria, porque cuenta de modo irreversible con ese marco deontológico universalista al que ninguna actividad puede hoy renunciar sin abjurar de su moralidad y que viene caracterizándose como un marco comunicativo: el nivel de los derechos humanos y el descubrimiento de que cada hombre es un interlocutor válido son irrenunciables para una ética empresarial de nuestro tiempo.

La ética empresarial consistiría, por tanto, en el descubrimiento y la aplicación de los valores y normas compartidos por una sociedad pluralista —valores que componen una ética cívica— al ámbito peculiar de la empresa, lo cual requiere entenderla según un modelo comunitario, pero siempre empapado de postconvencionalismo.

Los caracteres que revestiría tal tipo de ética serían los que pasamos a exponer a continuación.

IV. CARACTERISTICAS DE LA ETICA EMPRESARIAL

Para exponer estas características vamos a tomar como referentes dos factores clave, que se extraen de cuanto venimos diciendo: que *la activi-*

dad empresarial es una actividad humana con una finalidad social, de modo que las actitudes necesarias para alcanzar su meta (búsqueda de la calidad, solidaridad a la alza, excelencia, competencia, etc.) son *actitudes morales*, y que estas actitudes hoy se modulan sobre el trasfondo de una *ética cívica*, para la cual tanto los miembros de la empresa como los consumidores se caracterizan por ser *interlocutores válidos*.

Porque el *procedimentalismo universalista* del tipo de la ética discursiva, con su principio «una norma sólo será correcta si todos los afectados por ella están dispuestos a darle su consentimiento tras un diálogo celebrado en condiciones de simetría», constituye la puesta en diálogo del principio del Contrato Social: «el soberano no puede promulgar más normas que las que todos pudieran querer».

Aplicado este marco formal a la específica actividad empresarial, en el sentido que estamos dando al término «aplicar», esto significa que:

1) No es una ética de la convicción, sino una de la responsabilidad por las consecuencias de las decisiones que se toman. Lo cual no significa en modo alguno optar por el pragmatismo, sino recordar que es preciso tener en cuenta las consecuencias de las decisiones para aquella finalidad por la que la empresa existe y que consiste en la satisfacción de necesidades humanas. La ética de la empresa es, pues, como hemos apuntado, una *ética de la responsabilidad convencida*.

2) Puesto que la actividad empresarial tiene una finalidad, que le legitima y de la que cobra todo su sentido —servir a los consumidores, que son los afectados a cuyo servicio se encuentra la actividad de la empresa—, queda deslegitimada la que olvide esta finalidad. Los consumidores son interlocutores válidos y una ética de la empresa exige tener en cuenta sus intereses a través de mecanismos de participación efectiva.

3) Los miembros de la empresa son también interlocutores válidos, cuyos derechos tienen que ser respetados al nivel de una conciencia moral como la que socialmente hemos alcanzado; de ahí que queden fuera de época las prácticas humillantes y las desconsideraciones.

4) Pero también los miembros de la empresa han de cumplir con sus obligaciones y *corresponsabilizarse* por la marcha de la empresa a la que se pertenece; de ahí que la cooperación haya de tomar el lugar del conflicto y la corresponsabilidad el lugar de la apatía.

5) Una empresa actual ha de atenerse a un marco postconvencional de justicia, no sólo legal, sino ante todo moral.

6) En tal caso el cambio en la concepción de la empresa de un modelo taylorista a uno postaylorista no es una simple moda, sino una auténtica exigencia de la conciencia moral de los tiempos. Una conciencia que, como tal, es irreversible, como veremos en el próximo capítulo.

Sin duda son éstas las exigencias que los nuevos retos plantean, pero para responder satisfactoriamente a ellas es preciso diseñar un modelo de empresa capaz de hacerlo.

V. DOS MODELOS DE EMPRESA

En su libro *Capitalismo contra capitalismo* enfrenta M. Albert dos modelos de empresa. El primero sería, según el autor, propio del capitalismo neoamericano, el segundo sería el modelo renano. Si bien es cierto que el modelo neoamericano presentado resulta atípico si se le compara con las grandes multinacionales, piensa Albert que representa la tendencia predominante del estilo americano, al que caracterizarían rasgos como los siguientes.

La empresa es considerada desde esta perspectiva como una mercancía de la que el propietario, el accionista, dispone libremente; es en definitiva sólo «un paquete de acciones» que, como tal, se compra, y con el que se puede hacer cuanto se quiera, ya que en ella todo es cuestión de precio: «el dinero es el fin, las cosas son los medios».

De donde se sigue como consecuencia lógica que los colaboradores han de ser tratados como producto de un capital, como una mercancía, en el seno de una empresa considerada como un bien comercial (no tanto como una comunidad); que el papel de la empresa en materia de educación y formación profesional tiene que ser el menor posible, y que en este modelo el futuro queda sacrificado al presente deliberadamente.

Ciertamente, si éste es el modo de entender el ser y el funcionamiento de una empresa, mal lo tiene el mundo de los negocios para intentar —por decirlo con Lipovetsky— un matrimonio con la ética, porque la ética es un tipo de saber que necesita *tiempo* para crear una forma de vida, necesita proyectarse al *futuro* desde el presente y el pasado, necesita *sujetos o corporaciones* que se sepan responsables de tales proyectos y de sus realizaciones, necesita una finalidad que se inscribe en la cuenta de resultados, pero va más allá de ella. Sólo desde un contexto semejante tiene sentido una ética empresarial.

Dirijamos ahora la mirada al otro referente que necesitábamos para construir una ética empresarial, atenta a la vez a las *ventajas que puede ofrecer el comunitarismo, pero sin olvidar que el universalismo es irreversible*: el modelo de empresa que Albert propone como renano.

Dibuja este modelo —según nuestro autor— el perfil de una solterona, poco atractiva pero segura, frente al fascinante modelo neoamericano que no da, sin embargo, más que para fugaces aventuras. Porque nuestra solterona plantea proyectos a largo plazo, no se tiene por mercancía, sino por corporación de personas unidas por una común tarea y aprecia, en consecuencia, esa cultura que va constituyendo su ser. Con lo cual quienes recordamos la distinción introducida por Kierkegaard entre la actitud ética y la estética, nos vemos abocados a concluir que es este modelo el candidato que buscamos para la ética.

Sin embargo, un recelo queda: ¿por qué la moral siempre ha de parecer segura, pero poco atractiva?, ¿por qué proyectar el futuro creativamente y sentirlo entre los dedos como cosa propia no puede ser al menos tan atractivo como trabajar codo a codo con seres a los que se considera mercancías, en una empresa o institución que no despierta el menor afecto y que en cualquier momento se vendería al mejor postor?

No creo que este mundo de relaciones instrumentales, en el que la gestión de recursos humanos no puede entenderse sino como manipulación, resulte más atractivo que un universo en que las relaciones intra y extraempresariales se basen en la idea de que las personas son interlocutores válidos y que la propia actividad empresarial es una tarea cooperativa que merece creación, imaginación, desvelo. Establecer relaciones de cooperación y no de conflicto, recurrir a la creación y no a la chapuza, sería entonces la meta, por eso creo que un buen pretendiente para la ética sería el que asumiera las virtualidades del postaylorismo.

VI. VALORES PROPIOS DE UNA EMPRESA POSTAYLORISTA

Según los expertos, si la empresa tayloriana era piramidal y autoritaria, la empresa de tercer tipo pretende acrecentar la *iniciativa* de cada uno de los miembros, movilizar la inteligencia de todos, desarrollar las capacidades de propuesta de los asalariados en grupos de proceso, equipos autónomos y otros círculos de calidad. Intenta sustituir el principio de obediencia por el de *responsabilidad*, dinamizar los recursos *creativos* de todos los colaboradores, desarrollar la *calidad* de vida en el trabajo.

La clave del éxito económico no reside entonces en la explotación de la fuerza de trabajo y en la división mecánica de las tareas, sino en los programas de *formación*, en la asunción conjunta del *destino colectivo*.

Este management participativo exige proyectos de empresa, en los que la *cultura* sustituye a la racionalidad tecnocrática, el diseño *cualitativo* a la eficacia inmediata, la *adhesión* a la coerción, y la dinámica común y la movilización individual dependen de la *participación* de todos en el proyecto y del esclarecimiento de los valores comunes.

En la empresa de la excelencia los *ideales compartidos* reemplazan a la coerción burocrática, por eso no bastan las transformaciones técnicas ni las promociones internas, sino que hay que cambiar las mentalidades, modificar la relación del individuo consigo mismo y con el grupo, producir asalariados creativos, capaces de adaptarse y comunicarse.

Los dispositivos clave de la nueva racionalidad managerial son entonces: autoridad de animación en vez de autoridad disciplinaria; enriquecimiento de responsabilidades, delegación de poderes y desburocratización; actitud de escucha y diálogo; medidas de redistribución de beneficios, políticas de formación permanente del personal; management participativo y horizontal.

Todo ello supone desarrollar la capacidad *creativa*; entender que la finalidad real de la empresa consiste en *innovar*, en crear riqueza y que el beneficio es el medio, no el fin de la empresa.

De cuanto venimos diciendo se desprende que los retos a que la empresa se enfrenta en nuestro momento le invitan a asumir un *êthos* determinado, un *estilo específico*, si desea sobrevivir, de tal suerte que puede decirse que «sin ética no hay negocios». Tales retos y los rasgos que a ellos corresponden serían los siguientes:

1) *Responsabilidad* por el *futuro*. La necesidad de la gestión a largo plazo obliga a reconciliar el beneficio y el tiempo.

2) Desarrollo de la capacidad *comunicativa*. Toda organización precisa una legitimación social, que se «vende» comunicativamente. El respeto a las normas morales es también un imperativo de relación pública, ya que es preciso crear un *entorno afectivo*.

3) *Identificación* de los individuos y de las firmas. El fracaso del individualismo hace necesaria la inserción de los individuos en grupos y el desarrollo del sentido de *pertenencia* a ellos.

Las organizaciones que sobreviven son en muy buena medida aquellas que generan internamente un sentido de *pertenencia* entre sus miembros y, a la vez, una *confianza* en el público de que sus necesidades son satisfechas por una empresa que mira al futuro.

4) *Desarrollo de una cultura empresarial*. Compartir creencias que despiertan en las gentes un interés no es sólo cosa de una moral del deber, de un marco deontológico que no ofrece por su cumplimiento ninguna recompensa a cambio, sino cosa también de una *moral de la rentabilidad:* la moral, entendida de un peculiar modo, es económicamente rentable, porque cualquier organización, para sobrevivir, ha de disponer hoy de un sólido grupo de creencias sobre las que asentar su política y sus acciones. Es decir, ha de imbuirse de una *cultura empresarial* —similar a la cultura médica o ecológica— que configura formas de vida peculiares, cada vez menos opcionales y más «obligatorias» para quien tenga afán de supervivencia.

5) *Personalización de la empresa y generación de un «capital-simpatía»*. En el público se infunde confianza, entre otras cosas, a través de lo que se llama un «capital-simpatía», una sintonía con los consumidores, que les lleva a preferir esa determinada empresa y sus productos.

En tiempos de competencia darwiniana por la existencia, como los que vivimos, de homogeneidad entre los productos —muchos se parecen— y entre las empresas —muchas guardan semejanza entre ellas—, poder exhibir una cultura propia, permite cobrar una identidad, un perfil bien trazado, por el que la empresa se distingue de las restantes.

La guerra de los *logos*, de los signos distintivos, no es suficiente, si tras el *logotipo* no exite una identidad de la empresa, que responda a él. Porque el «parecer» es un elemento, pero no el único del *marketing*: convencer —y no sólo persuadir— de que un colectivo responsable se propone atender a las necesidades del público de la forma más eficiente posible, y de que ese colectivo comparte los valores morales a que la sociedad en su desarrollo ha llegado, es una carta de triunfo en la empresarial lucha por la vida.

En la competencia entre empresas no bastan las publicidades comerciales para identificar la personalidad de una empresa, sino que se claro ejemplo el mecenazgo, que no se ejerce sin beneficio.

6) En una cultura de la *comunicación* la moral impulsa la creatividad de los especialistas de la comunicación y funciona como un útil de diferenciación y personalización de la empresa. En la empresa abierta, la ética forma parte del management de *tercer tipo*, erigiendo frente a la complejidad de los mercados no sólo el principio de innovación permanente de los productos, sino la innovación «moral» de la comunicación.

7) *Confianza.* Las imágenes de eficiencia han sido sustituidas por las de confianza entre la firma y el público, como se muestra, por ejemplo, en la imagen de responsabilidad social y ecológica de la firma, con la que se trata de establecer un lazo entre la firma y el público.

Sin duda son éstas las exigencias que los nuevos retos plantean; pero para responder satisfactoriamente a ellas es preciso contar con un nuevo modelo de directivo.

BIBLIOGRAFIA

Albert, M.: *Capitalismo contra capitalismo*, Paidós, Barcelona, 1992.
Archier, G. y Sérieyx, H.: *La empresa del tercer tipo*. Planeta, Barcelona, 1985.
Argandoña, A.: *La ética en la empresa*, IEE, Madrid, 1994.
Aubert, N. y Gaulejac, V. de: *El coste de la excelencia*, Paidós, Barcelona, 1993.
Brown, M. T.: *La ética en la empresa*, Paidós, Barcelona, 1992.
Conill, J.: «Ética económica»: *Diálogo Filosófico* 26 (1993), 195-204.
Chandler, A. D.: *La mano visible*, Ministerio de Trabajo, Madrid.
Drucker, P. F.: *La sociedad postcapitalista*, Apóstrofe, Barcelona, 1993.
Fernández, J. L.: *Ética para empresarios y directivos*, ESIC, Madrid, 1994.
García Echevarría, S. y Lattmann, Ch.: *Management de los recursos humanos en la empresa*, Díaz de Santos, Madrid, 1992.
—: *La ética de las instituciones económicas y empresariales*, IDOE, Madrid, 1993.
Gélinier, O.: *Ética de los negocios*, Espasa-Calpe, Madrid, 1991.
Gilder, G.: *El espíritu de empresa*, Espasa-Calpe, Madrid, 1984.
Gorosquieta, J.: *Ética de la empresa*, Mensajero, Bilbao, 1996.
Lozano, J. M.ª:«Una qüestió controvertida: ética i gestió»: *Papers Esade* 80 (1992); versión cast. *Revista de Fomento Social* 188 (1992), 429-445.
—: «Ética de les organitzacions o ética en les organitzacions: ¿contradicció o joc de paraules?: *Papers Esade* 96 (1993).
Melé, D.: «Ética y empresa»: *Información Comercial Española* 691 (1991), 122-134.
Montero de Burgos, J. L.: *Empresa y sociedad*, Antares, Madrid, 1994.
Ortiz, J. M.ª: *La hora de la ética empresarial*, McGraw-Hill, Madrid, 1995.
Peters, T. J. y Waterman, R. H.: *En busca de la excelencia*, Folio, Barcelona, 1990.
Tuleja, T.: *Más allá de la cuenta de resultados*, Plaza y Janés, Barcelona, 1987.
Vidal, M.: «Paradigma de ética razonable para la empresa»: *ICADE* 19 (1990), 13-38.

Capítulo 5

ETICA DE LA DIRECCION

I. EL LIDERAZGO EMPRESARIAL COMO LIDERAZGO MORAL

El directivo se ha convertido en uno de los personajes más significativos en la cultura del fin de siglo. No sólo por la importancia de las decisiones que debe tomar o por la capacidad de gestión que debe demostrar. Su liderazgo ha trascendido las fronteras de la empresa. El suyo es ya un liderazgo social y por ello se espera de él una conducta ejemplar. Esto significa que no debe comportarse como sabemos que nos comportamos todos; se espera que proceda como sabemos que debemos proceder nosotros. Cuanto más escépticos nos hemos vuelto con respecto a la conducta de otros líderes —políticos, predicadores o abogados—, más virtud esperamos de los nuevos directivos.

Cuando nos planteamos una ética de la dirección debemos tener en cuenta algunas consideraciones básicas. La primera de ellas nos lleva a señalar que una ética de la dirección no se reduce *sólo* al estudio del «carácter» del directivo, es decir, un estudio de su posible integridad y deseables virtudes personales. Nos estamos preguntando, *también*, por modos de actuar que incluyen este «carácter» y que se realizan en una serie de actitudes que orientan y conforman las actividades profesionales. Estas actitudes generan unos modos de trabajar, un estilo de dirigir y una cultura en la que se cultivan determinados comportamientos socialmente valiosos.

El directivo se convierte así en un factor decisivo para que la empresa se convierta en un verdadero *espacio ético*. En él colaboran un grupo de personas que comparten su tiempo proponiéndose unas metas comunes y generando un *êthos* que les otorga una diferenciada identidad empresarial. Desde ahí podremos preguntarnos en qué medida ese grupo está cumpliendo con sus fines y respondiendo a las exigencias que la sociedad le plantea. Ello no significa que este espacio surja sin un proceso de profundización, clarificación y determinación de las responsabilidades de quienes profesionalmente lo componen. De ahí que nuestro objetivo en este capítulo sea el de contribuir a este proceso, aumentando un autoconocimiento profesional que lleve a reconocer y dinamizar este *êthos*, como *espacio para la innovación, la cooperación y la responsabilidad*.

Dada la importancia creciente que tiene la economía en nuestras sociedades y, sobre todo, dado el papel que la empresa desempeña en la articulación de la sociedad moderna, la figura del directivo está sometida a una transformación permanente. Para dirigir bien ya no basta con saber administrar y gestionar bien, es preciso *comunicar eficazmente y ejercer un liderazgo integral*. Si a estas dotes de comunicador añadimos la facilidad con la que otras instituciones sociales están asumiendo los criterios de rentabilidad y éxito con los que se trabaja en la empresa, constatamos que el suyo ya no es sólo el liderazgo del experto técnicamente cualificado, sino el liderazgo de un comunicador éticamente responsable.

II. EL FACTOR HUMANO EN LA EMPRESA

1. *Niveles de acción empresarial*

Nos planteamos la ética de la dirección tomando conciencia del entramado de relaciones humanas que se establecen en la empresa. Este espacio de innovación, cooperación y responsabilidad puede explicarse atendiendo a razonamientos que incorporan perspectivas distintas. Perspectivas que nacen de diferenciar los *ámbitos de la economía* que entran en juego y los *niveles de acción empresarial*.

a) En primer lugar, nos encontramos con un tipo de explicación que podemos llamar *estructural*; con ella respondemos a la pregunta por la raíces económicas de la actividad humana. Así, interpretamos la realidad en clave económica, hablamos del hombre como «animal económico» (*homo oeconomicus*). Esto exigirá que nos preguntemos por el papel que la economía desempeña en la actividad humana con respecto a otros ámbitos como el cultural o el socio-político. Obtendremos una lectura de la economía en clave antropológica que nos proporcionará un modo determinado de entender las motivaciones humanas.

b) Otro tipo de explicación es el que surge de entender la economía como disciplina «científica». No dará igual que la entendamos de un modo puramente matemático-cuantitativo, que de un modo ético-cualitativo. Este modo de plantear el quehacer *epistemológico* determinará un *marco doctrinal* desde el que explicar lo que técnicamente se ha llamado «el factor humano». Esta pregunta hará que nos planteemos cuál es el estatuto epistemológico de la economía. Este marco también condicionará el planteamiento que hagamos de los procesos informativos, tanto a nivel de información «formal» (índices, informes, balances, etc.), como a nivel de información «informal» (confianza, autoestima, satisfacción, calidad, etc.).

c) En la acción empresarial se pone en juego un modo de ver el mundo. Modo de ver que condiciona la capacidad de juzgar y orientar la acción. Un directivo no es sólo un experto que da órdenes, lee balances, interpreta flujos financieros o realiza dinámicas de grupos. Un directivo pone en juego su *visión del mundo* (cosmovisión) y, por consiguiente, debe saber cómo se relaciona la economía con otras dimensiones de la vida como son la naturaleza, la cultura y la sociedad.

d) Hay un nivel que siempre ha sido el más práctico y específico de la actividad directiva. Es el de las decisiones inmediatas, donde la administración se concreta en asuntos de gestión y organización. Aquí la economía está limitada por los distintos marcos normativos que la condicionan (financiero, fiscal, laboral). Se genera así un tipo de explicación donde el «factor humano» se analiza desde el control de la productividad más inmediata. Cuando las relaciones humanas son consideradas únicamente en este nivel hablamos de una explicación *instrumental* del hombre puesto que no se entra a considerar aspectos *cualitativos* como son el desarrollo personal, el grado de satisfacción o la confianza en el proyecto empresarial.

El esquema de la figura 1 sintetizaría los niveles indicados, los ámbitos donde aparecen y los tipos de explicación que reclaman.

Tipos de explicación	*Ámbitos de la economía*	*Niveles de acción empresarial*
A) Estructural	Antropológico	Motivación
B) Doctrinal	Epistemológico	Información
C) Cosmovisional	Cultural	Dirección
D) Instrumental	Social-normativo	Gestión/Organización

FIGURA 1: *Niveles de acción empresarial*

2. *La transformación de la cultura empresarial*

2.1. *Génesis y evolución del modelo taylorista*

Para Marx y para la gran mayoría de los economistas del siglo XIX estaba claro que la producción de un trabajador sólo aumentaba si en su realización invertía más entusiasmo y más tiempo. Sin embargo, los trabajos sobre productividad de Frederick Winslow Taylor (1856-1915) pondrían en cuestión este axioma. El mismo año en que murió Marx (1883) comenzaron los primeros resultados sustanciales de lo que más tarde se llamaría la «revolución de la productividad». Revolución que se produjo después de estudiar científica, cuantitativa y estadísticamente *los modos* de realizar el trabajo y cuyos resultados sorprendentes no se produjeron hasta la Segunda Guerra Mundial.

Se había iniciado un modelo de cultura empresarial donde el elemento «humano» era *un factor* más en la cuenta de resultados. Cuando este modelo se pregunta por el «factor humano» está evaluando las técnicas y el instrumental que se utilizan en un trabajo; es decir, está evaluando *cómo* se hace el trabajo. Con ello se racionaliza la organización de la empresa, estructurándose en departamentos diferenciados que tienen asignadas tareas extremadamente precisas. Imaginémonos las grandes cadenas de fabricación de automóviles en serie donde cada trabajador debe realizar única y exclusivamente una tarea extremadamente precisa.

De esta forma se logra evaluar, medir y cuantificar de forma inmediata cómo proceder para corregir las posibles desviaciones de los objetivos de productividad previstos. Se genera así un sistema en el que se cuantifica todo, desde el tiempo que un trabajador permanece en la empresa —fichar antes y después de trabajar— hasta el número de piezas que coloca o realiza. Las tareas se atomizan, los directivos que administran y gestionan se separan de los que organizan y ejecutan. Es un modelo donde *la institución se anticipa a la persona*, la institución es el cerebro, los trabajadores son las manos. El trabajador es tan sólo un medio entre otros muchos de los que dispone una institución que prioritariamente administra productos y dinero.

Este modelo responde a las necesidades que pueden tener sociedades que deben construir (o reconstruir) su tejido productivo y que se encuentran en una fase de crecimiento, en la que el sector industrial debe atender con prioridad a ingentes necesidades de productos. De ahí que su momento de expansión lo encontremos entre los períodos comprendidos entre 1940-1945 y 1945-1976. En este último período comienzan a producirse modificaciones significativas. Se comienzan a observar lagunas en una estrategia empresarial donde los resultados obtenidos no siempre se corresponden con los objetivos propuestos.

¿A qué se debían estos desajustes en la eficacia empresarial? La razón había que buscarla en la rigidez en el control del trabajo. Por ello se procede a una *revisión del modelo* caracterizada por un aumento significativo de la flexibilidad en la dirección, administración y gestión. Los productos deben adaptarse con mayor rapidez a unos entornos diferentes y a unos mercados más complejos.

Asistimos a un *taylorismo corregido* que recibirá el nombre de *neotaylorismo*. Es un modelo que se concreta en la descentralización de los trabajos, la diversificación de funciones, la departamentalización de los procesos y la aplicación de un sistema de refuerzos al trabajador para que mantenga y aumente los niveles de productividad (modelo conductista de organización). Con el fin de alcanzar las ventajas que supone la participación de los propios trabajadores, se introduce la «dirección participativa por objetivos». Se intenta con ello responder a los retos sociales que tiene planteados la empresa mejorando las condiciones de trabajo.

Esta aplicación supondrá el nacimiento de los *departamentos de relaciones humanas* cuya finalidad básica será la de lograr que los trabajadores se sientan integrados en la empresa, plenamente motivados y humanamente satisfechos. Un modelo que debe gran parte de su éxito a los trabajos de Elton Mayo (1880-1949) y en el que la frialdad y la tecnificación se edulcoran humanitariamente. Se mantiene la misma cultura empresarial del rigor en los horarios, la disciplina profesional y el cumplimiento supervisado de las metas puntuales e inmediatas. El taylorismo se ha lavado la cara; es lo que G. Archier y H. Sérieyx han llamado un *Taylor desatascado*, un taylorismo con rostro humano en el que la dirección sigue siendo dura, *aunque no lo parezca*.

2.2. *Contradicciones del taylorismo*

A pesar de la revisión, a principios de los años setenta el modelo entra en una profunda crisis. En estos años se producirá una quiebra casi definitiva. Antes de preguntarnos cuáles fueron los hechos que determinaron el cambio, deberíamos preguntarnos cómo puede funcionar tanto tiempo un modelo de cultura empresarial determinado por el *cómo* se hace una tarea, sin preguntarse *por qué* y *para qué* se hace. Esto es, un modelo determinado única y exclusivamente por una productividad cuantificable fácilmente en tareas mecánicas que será puesta en cuestión en ámbitos laborales donde los trabajos de conocimiento y servicios sustituyen a los industriales.

Con el advenimiento de la sociedad post-industrial asistimos a una serie de cambios que contribuirán a la modificación del taylorismo. Entre otros, podemos destacar los siguientes:

— la consumación de la reconstrucción de las sociedades europeas;
— los efectos monetarios del conflicto del petróleo en la modificación del precio de la energía;
— las oscilaciones en los precios de las materias primas;
— la irrupción de los productos de Extremo Oriente;
— el crecimiento del sector servicios en el sistema económico;
— el advenimiento de la civilización post-industrial determinada culturalmente por la información y la comunicación.

Dada la eficacia que había supuesto la aplicación del taylorismo, su total arrinconamiento no parecía deseable. Por ello, a finales de los setenta y durante los años ochenta, la cultura empresarial se ve sometida a una serie de contradicciones cuya resolución exigía una revisión más radical del modelo. Según los expertos, estas contradicciones son las que acontecen entre:

a) Las expectativas de los asalariados y la calidad de vida en el puesto de trabajo. Al haber cambiado los referentes culturales, el trabajador desea evolucionar en el seno de una organización, quiere que ésta sea transparente, busca un ambiente gratificante y necesita utilizar sus conocimientos y su imaginación para mejorar su entorno y el resultado de sus actividades;

b) *Lo social y lo económico.* Hasta ahora las posibles ventajas sociales procedían de los necesarios éxitos económicos de la empresa. Se lograba un precario equilibrio donde la calidad de vida en el puesto de trabajo dependía de la rentabilidad económica de la empresa. Un equilibrio muy débil dado que al trabajador se le valoraba por sus manos y por su corazón, no por su cerebro.

c) *Los parámetros de productividad.* No deja de ser sorprendente cómo hasta hace poco determinados países eran considerados como subdesarrollados e incapaces de superar en su desarrollo a los países occidentales. Hoy esos países «subdesarrollados» ofrecen unos índices de productividad más elevada.

d) *Capital productividad-empleo.* Las empresas necesitan aumentar la productividad para mejorar la competitividad en un entorno social determinado por la exigencia social del pleno empleo. Las soluciones legislativas y reglamentarias olvidan la necesidad de mejorar la relación entre calidad-coste y se mantienen sólo a nivel de empleo.

e) *Flexibilidad-rigidez.* El desafío de la flexibilidad no se comprende desde las rigideces internas (estructuras piramidales) y externas (legislaciones y reglamentaciones axfisiantes).

f) *El papel y la imagen.* Aunque nadie pone en cuestión la responsabilidad de la empresa en la construcción de la imagen económica y social de un país; en realidad la empresa sigue dando una imagen de acaparadora de ganancias que no se plantea la responsabilidad *real* que tiene en la vida cívico-institucional de un pueblo.

g) *Enseñanza-empresa.* Mientras que los sistemas educativos están generando individualidades y especializaciones, la empresa busca profesionales de una gran polivalencia y capaces de trabajar en equipo.

2.3. *El modelo postaylorista*

Ante estas contradicciones han sido numerosas las empresas que recientemente han buscado nuevas soluciones cuestionando de raíz el taylorismo. Para mejorar sus prestaciones y aumentar la competitividad han transformado su estructura interna y su actuación externa. Internamente se han planteado en clave participativa y han buscado la adhesión del personal, lo que supone comenzar por redefinir continuamente el trabajo y su sentido. Externamente se han convertido en competitivas e innovadoras porque han librado una serie de batallas significativas, que han conformado un nuevo modelo de empresa que algunos expertos han denominado «empresa del tercer tipo». Estas batallas son:

— la humanización para brindar a los hombres una calidad de vida a su medida;

— la simultaneidad en la mejora de las condiciones económicas y sociales;
— el relanzamiento del liderazgo en materia de dirección industrial;
— la moderación de la flexibilidad y de la reactividad con el fin de promover empresas combativas;
— la revalorización de la empresa como institución esencial para un país moderno;
— la formación continua y permanente de los directivos.

Por tanto, en una empresa postaylorista el directivo tiene ante sí nuevas responsabilidades, puesto que lo que antes era tan sólo un conjunto de personas que desean generar riqueza ofreciendo unos productos se ha convertido en un *proyecto de cooperación*: su función no se limitará a ejecutar, administrar o gestionar, sino que se ampliará al ámbito de una dinamización y movilización de las capacidades humanas con el fin de armonizar un espacio ético en el que se *integra, converge y mantiene cohesionada* la voluntad de un grupo humano.

3. *La empresa como espacio ético: innovación, cooperación y justicia*

La empresa no es un grupo humano cualquiera. Nos hallamos ante un grupo capaz de generar riqueza, de responder a unas necesidades sociales y de evaluar las dimensiones de su productividad. Y será así en la medida en que se plantee como *una institución legitimada* en el marco de unos valores éticos compartidos por quienes se relacionan con ella, desde los trabajadores a los directivos pasando por los proveedores y los clientes.

En este sentido, es importante que el directivo tome conciencia de la responsabilidad que tiene para *generar una memoria de empresa* que pueda orientar el proyecto. Memoria que marcará las metas alcanzables, que pondrá al día las tareas específicas y que orientará los cambios que se realicen. Memoria con la que se asumirá el pasado y que al proyectar creativamente nuevas tareas será también una *memoria de innovación*.

Es el momento de recordar que la iniciativa y la capacidad creadora están en la base del «acto de emprender». Ésta es la razón por la que una empresa no es sólo una «obra» que se hizo (pasado) sino un proyecto que se renueva (presente) y una institución con capacidad innovadora y promotora (futuro). Desde esta óptica, se puede decir que *la función específica de una empresa es asegurar la creatividad económica*.

Considerada así, para un directivo responsable la empresa no es un espacio social cualquiera sino ámbito de relaciones humanas que puede contribuir directamente a la creación de una sociedad más justa. Así, podemos decir que la empresa es un espacio para la justicia; una institución donde el comportamiento de los miembros no es arbitrario sino que está sometido a unas reglas de cooperación, que hacen posible la autorrealización personal en un clima de respeto mutuo donde se hallan delimitadas las responsabilidades que se comparten, porque establecen un sistema de división y reparto de derechos y deberes, de beneficios y patrimonios, de responsabilidades y poderes, de ventajas y desventajas, de plusvalías y gravámenes.

La elaboración de estas normas, su consentimiento y aceptación por parte de todos los afectados supone el establecimiento de *una referencia común* que posibilita el ejercicio de la libertad personal y la armonización de las libertades comunitarias. Si esta referencia común a todos los que se relacionan con la empresa se inspira en *criterios de justicia*, el proyecto de innovación se transforma en un proyecto de cooperación y en un espacio privilegiado en la práctica de la justicia.

El esquema de la figura 2 podría expresar gráficamente esta naturaleza ética de la institución.

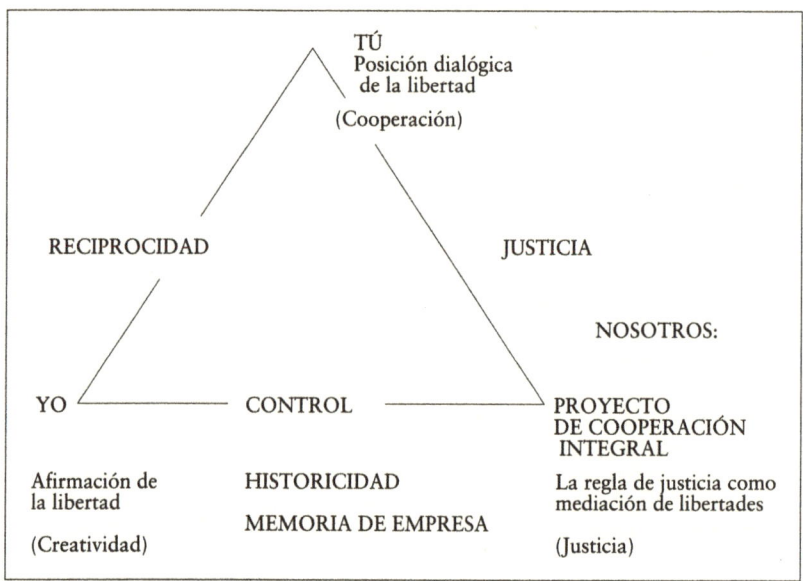

FIGURA 2: *Naturaleza ética de la empresa como institución*

4. *Complementariedad de lo personal y lo institucional*

Esta realidad institucional no es un mecanismo que funciona al margen de las personas que trabajan en ella. La aceptación de un conjunto de normas comunes no se realiza siempre de forma homogénea. Cuando una comunidad empresarial quiere regirse por criterios de justicia, sus miembros deben estar dispuestos a compartir una serie de exigencias comunes. Exigencias que tienen la finalidad de integrar dos dimensiones básicas de todo grupo que comparte un proyecto: la personal y la institucional.

Si *lo personal* debe estar siempre presente en todo proyecto empresarial es porque puede corregir *lo institucional*. Se trata de introducir *la perspectiva de la persona* como complemento necesario de *la perspectiva de la institución*. Desde un punto de vista práctico supondrá:

a) Detectar, denunciar y corregir las posibles desmesuras de la institución. Desmesuras que suelen nacer de considerar a las personas como «números», «elementos», «funciones» o «factores».

b) Desenmascarar las pretensiones indiscriminadas de sustituir a las personas por máquinas. Es una de las pretensiones tecnocráticas habituales en culturas empresariales donde predomina la automatización de las tareas.

c) Modificar la rutinización y anquilosamiento de las relaciones humanas cuando éstas pierdan vitalidad y frescura.

d) Introducir espacios para la comunicación informal, con el fin de mejorar el clima humano y el entorno laboral.

De igual forma, si lo institucional es un factor determinante de todo proyecto empresarial es porque facilita y garantiza la cooperación. Se trata, por consiguiente, de introducir *la referencia normativa de la institución* como complemento necesario a la perspectiva de la persona. Desde un punto de vista práctico supondrá:

a) Detectar, denunciar y corregir la intermitencia, la inconstancia y la variabilidad de las relaciones humanas.

b) Establecer las garantías para que cada persona pueda desarrollar eficazmente sus tareas.

c) Asignar el lugar y las funciones de cada persona según sus capacidades y disponibilidades.

d) Adecuar espacios y tiempos para revisar el trabajo compartido con el fin de evaluar en qué medida aumenta la autoestima y la autorrealización personal.

5. *Un proyecto integral de empresa*

En la medida en que tengamos en consideración esta complementariedad de perspectivas podremos hablar de un *proyecto integral de empresa*, dar forma al cual compete a todos los que se relacionan con la empresa pero, de modo especial, a quienes ejercen funciones directivas. Cuando esta convergencia se produce, la motivación puede adecuarse con mayor facilidad a las metas propuestas y éstas, a su vez, se ordenan, humanizan y adecúan a las capacidades y expectativas de los trabajadores.

Esta filosofía empresarial dará como fruto un determinado modo de hacer, un estilo propio que diferenciará a la empresa en el mercado. Este modo específico de actuar será el que genere una cultura empresarial desde la que habrá que ir dando respuesta, al menos, a estas cuatro cuestiones:

a) El papel que desempeña la *tecnología*; es decir, hasta qué punto la racionalidad instrumental, estratégica y calculadora está dependiendo de la racionalidad cooperativa y comunicativa. No se nos puede olvidar que el uso de la tecnología no es un uso neutro; es un medio que dependerá directamente de las finalidades que persigan quienes la utilicen.

b) El modo de entender y evaluar la *calidad* de los servicios, la *productividad* en el trabajo, el grado de *satisfacción personal*, o el grado de respuesta a las *exigencias sociales.*

c) El modo de ejercer el *poder*, en todos y cada uno de los niveles de administración o gestión. La convergencia supone un modo concreto de responder a la voluntad de dominar cosas, de dominar la naturaleza y de dominarse los hombres entre sí. A veces pensamos que la única forma de ofrecer, presentar y afirmar nuestro punto de vista es mediante el ejercicio del poder. Planteado como una forma de autoafirmación personal corremos el peligro de entender al resto de las personas como objetos, como instrumentos para lograr nuestros fines. En este caso no se produce ni convergencia ni integración sino imposición y sometimiento.

d) La clarificación de la *imagen de hombre* que está implícita. Ésta es una de las condiciones para que la convergencia no se pervierta en coexistencia. En la convergencia cada perspectiva busca una imagen común a la que referir una imagen propia que puede ser fragmentaria. Y esta imagen común no es el resultado de la simple enumeración o de la simple recolección de fragmentos uno tras de otro. Una filosofía empresarial no puede ser el resultado de una suma de perspectivas fragmentarias puesto que nos encontraríamos ante una imagen quizá unitaria, aunque no por ello dejaría de ser fragmentaria. Pensemos en un rompecabezas o en un espejo roto. El hecho de pegar juntas o simplemente unir todas las piezas de un espejo no nos libera de una imagen fragmentada. Hay unidad a medida que hay integración y no mera coexistencia.

Al considerar seriamente estas cuestiones podríamos empezar a hablar de lo que Emmanuel Mounier llamaba *una primacía de la responsabilidad sobre el aparato* anónimo. Ésta haría que quienes forman parte de la empresa (trabajadores y directivos) o se relacionan con ella (clientes y proveedores), alcancen una «mayoría de edad económica». Unos y otros asumirían conscientemente el papel y el lugar donde pueden ejercer al máximo las prerrogativas de la persona: responsabilidad, iniciativa, dominio, cooperación, creación y libertad.

III. LA IDENTIDAD PROFESIONAL DEL DIRECTIVO

1. *Profesión y vocación en un* êthos *laboral*

Muchas veces se ha planteado la identidad del directivo como una persona con capacidades suficientes para *hacerse a sí mismo*. Si fuera éste el perfil desde el que debiéramos plantearnos una ética de la dirección, nos encontraríamos que la noción de «profesionalidad» se correspondería con unos rasgos específicos como son la agresividad, la competitividad, la dureza y la impiedad. Sin embargo, no son éstos los rasgos nucleares de una ética de la dirección en una sociedad abierta y compleja.

Para responder a los rasgos determinantes de la identidad ética del directivo debemos comenzar por lo humanamente más sencillo. A saber: en qué medida detectamos ciertos rasgos personales que capacitan para desempeñar una determinada tarea. Se trata de introducir la pregunta por la «vocación» en la «profesión» del directivo. Cuando al querer responder a esta pregunta intentamos precisar las características del *êthos profesional del directivo* nos encontraremos ante las puertas de una *ética del trabajo*. Ética en la que no podemos detenernos ahora y que puede completar el marco de una ética de la empresa como la iniciada en el capítulo anterior.

Siempre es más fácil hablar de las profesiones desde una perspectiva sociológica que desde una perspectiva ética en la que entran en juego presupuestos cosmovisionales de mayor alcance. Para ello, trataremos de recuperar la pregunta por la vocación en la reflexión sobre la profesión. Teniendo en cuenta las anteriores definiciones que de «profesión» habían dado M. Weber y T. Parsons, A. Hortal considera que una profesión es una *actividad ocupacional*:

a) en la que de forma institucionalizada se presta *un servicio específico a la sociedad*,

b) por parte de un conjunto *de personas* (los profesionales) *que se dedican a ellas de forma estable*, obteniendo de ellas su medio de vida,

c) formando con otros profesionales (colegas) *un colectivo que obtiene o trata de obtener el control monopolístico* sobre el ejercicio de la profesión,

d) y acceden a ella tras un *largo proceso de capacitación teórica* y práctica, de la cual depende la acreditación o licencia para ejercer dicha profesión.

Aunque aparentemente pueda significar lo mismo, *tener un empleo* no es lo mismo que *tener una profesión*. La dirección y administración de empresas no es un modo más de estar empleado; es decir, no es una simple ocupación con la que se gana un dinero y se satisfacen unas necesidades materiales. Una profesión no sólo «se tiene», «se ejerce». Tal ejercitación, además de proporcionarnos los medios materiales para subsitir, puede mantener, reforzar y aumentar nuestra autoestima personal.

Ejercer la profesión de directivo es uno de los modos de entender el trabajo como *carrera*. Sin embargo, el alcance ético de una profesión es mucho más amplio que el de una carrera. Es verdad que la del directivo es una profesión que tiene entre sus metas la de conseguir éxito. Pero ¿a cualquier precio? Parece ser que no. En este sentido, el éxito puede ser un caramelo envenenado. Nos puede proporcionar dinero, autoestima, poder y prestigio social, pero también nos puede hacer pagar un alto precio por ello. Precio que se paga en la medida en que la profesión se plantea única y exclusivamente como carrera. Término éste que supone una parcelación y fragmentación de la vida social, delimitando comunidades cerradas con reglas propias de ascenso, prestigio y promoción.

Al preguntarnos por la posible vocación del directivo nos estamos planteando el alcance social de las tareas que realiza y la coherencia con un proyecto personal de vida desde el que se trabaja. Se trata de una pregunta que colocará en primer plano las relaciones de nuestro *êthos personal* con nuestro *êthos profesional* en un *horizonte de compatibilidad, congruencia e integridad.*

2. *¿Dónde está la vocación en una ética de la dirección?*

Si planteamos esta pregunta es porque el trabajo forma parte de la vida de una persona y es algo más que *un medio* para otras actividades. Un trabajo desempeñado con vocación es más que un empleo, una ocupación o una carrera. Es un factor integrador de actividades cuya ausencia provoca ciertos desajustes motivacionales, a saber:

a) La desvinculación entre especialización técnico-profesional y responsabilidad personal. La *especialización sin integración* hace que tal especialización sea con más facilidad acrítica y se convierta en un sometimiento incondicional a los criterios de integración social previamente establecidos. Una especialización excesiva puede provocar rupturas en los espacios de comunicación entre profesional y sociedad: haciendo ver que son mundos, lenguajes y problemas éticos totalmente distintos.

b) En las burocratizadas y tecnificadas organizaciones laborales, los profesionales se convierten en especialistas polivalentes. Esta *polivalencia* puede exigir el sacrificio de la profesión en función de las necesidades de la *organización*. La pregunta por la vocación puede ser el recurso que el profesional tiene para mantener una autonomía que puede adaptarse pero que no debe someterse.

c) La autorrealización personal, la autoestima, la felicidad y otras dimensiones de la vida moral quedan al margen de la profesión. No es en el trabajo donde uno debe ser honesto y responsable, ahí sólo debe obedecer. Las aspiraciones éticas personales se aparcan en la vida privada, se reservan para los fines de semana y se ejercen en el ocio familiar. La fragmentación radical entre vida profesional-pública y una vida familiar-privada puede ser la excusa adecuada para que entienda la ética vocacionalmente necesaria pero profesionalmente imposible.

d) Un particular modo de entender el «éxito profesional». Cuando un profesional llega a la cumbre de su carrera puede conformarse con *ser el mejor*, olvidándose de lo que realmente le ha conducido a la cima: *hacerlo mejor*. La vocación es un factor personal que contribuye decisivamente al mantenimiento de unos niveles profesionales óptimos.

Como factor integrador de una vida profesional, el valor añadido de la vocación puede traer determinadas ventajas. Entre ellas podríamos señalar:

a) Vincular la necesaria especialización profesional con la integración personal. Podríamos hablar de una *especialización como integración* cuando hay una filosofía y una cultura empresarial que no sólo cuenta con las «horas» de unos profesionales, sino que los integra en un proyecto de empresa que incentiva el crecimiento y estimula la creatividad personal.

b) Recuperar el *significado del profesionalismo* considerándolo no sólo en términos de capacidad técnica, sino como ejercicio de responsabilidad personal que el profesional puede aportar a una sociedad compleja. La vocación, al menos como experiencia no acumulada desordenadamente, vigilaría los riesgos del profesionalismo.

c) Aumentar la autoestima y confianza en el propio trabajo. Quien realiza una ocupación profesional por vocación se entrega a unas actividades que *le definen* y que entran a formar parte de su carácter. No hay fragmentación entre el *êthos personal* y el *êthos profesional*. Habrá unidad diferenciada en el carácter del sujeto pero no habrá dos ámbitos de responsabilidad artificialmente creados.

d) Transformar los compromisos públicos, haciendo posible que no todo compromiso público tenga que someterse necesariamente a cálculos utilitarios de beneficio profesional.

e) Corregir un concepto de éxito como el que habitualmente tenemos. Un concepto que refuerza los aspectos cuantitativos y verticalistas, *ser el mejor*; en detrimento de los aspectos cualitativos, seguir *haciéndolo mejor*.

Tal vez la completa integración sea uno de los ideales prácticos que debe plantearse en serio un directivo. Es importante que nos comencemos a preguntar por el grado de adecuación, y hacerlo de tal forma que no nos resignemos a ejercer la función directiva sin detectar algún elemento vocacional que otorgue coherencia y sentido a la experiencia que, como profesional, se va adquiriendo. No podemos olvidar que *la vocación clarifica la motivación* situándola en una perspectiva ética, de ahí que la radical ausencia de vocación tenga mucho que ver con la ausencia de sentido moral.

3. *La dignificación ética del* management

Este sentido moral no se logra elaborando un conjunto de normas que ningún trabajador es capaz de cumplir porque se le plantea como un proyecto heroico. Cuando hasta ahora hemos hablado de la empresa como un proyecto compartido no nos hemos referido a un proyecto cosmético, imaginativo y fabulador. Y éste es uno de los peligros más habituales de quienes se sirven del *management* para moverse en una cultura de la apariencia que de cara al exterior puede dar un buen resultado inmediato pero que, a la larga, agudiza la tensión entre la *empresa real* y la *empresa «fabulada»*. Al plantear un proyecto integral de empresa queremos evitar esta disociación y, a su vez, dignificar los procesos de comunicación, motivación y decisión en la dirección empresarial.

A) En primer lugar, por lo que respecta a la *comunicación*, la integración no se logra cuando siempre hablan los mismos y siempre escuchan los mismos. El directivo es un experto en comunicación no sólo porque *tiene información* puntual de lo que sucede en la empresa (balances financieros, stock de productos, etc.); tampoco porque *transmite órdenes* que emanan del consejo de administración o de la junta de accionistas, sino porque es capaz de generar espacios para el diálogo y el intercambio de expectativas. Sin diálogo no hay cooperación y sin ésta no puede darse la integración; podrá haber resignación, concesión o imposición pero no integración.

La integración puede lograrse revisando las estructuras organizativas que dificultan la circulación de la comunicación y ocasionan una fragmentación de la empresa. En este sentido, la comunicación se facilita en la medida en que se evitan modelos organizativos que fragmentan las tareas directivas. Como puede verse en la figura 3 (página siguiente), la fragmentación puede crear espacios de incomunicación que acaban convirtiéndose en zonas de incomunicación en el conjunto de la empresa.

Esta transformación no supone una homologación de todas las fuentes de información. No todos los proyectos que planteen los miembros de la empresa serán igual de válidos. Los niveles de responsabilidad no son homogéneos y por eso el valor de todas las informaciones no es el mismo. Sin embargo, esto no significa suponer que sólo son los accionistas o el empresario el que tiene información que transmitir. La información en las instituciones humanas es una calle de doble dirección, de ahí que incluso los trabajadores de los niveles más bajos, el proveedor más insignificante o el cliente más ingenuo tienen una palabra que aportar al proyecto.

La pericia en los procesos informativos convierte al directivo en un *monitor* que recibe, selecciona y dirige adecuadamente la información. Cuando este proceso se dirige hacia el interior de la empresa el directivo es un *diseminador* que mantiene vivos los flujos comunicativos que posibilitan la innovación y la cooperación. Cuando el proceso se dirige hacia el exterior de la empresa, el directivo es el *portavoz* y, en cierta medida, la imagen de un *êthos* empresarial diferenciado.

B) En el nivel de la *motivación*, la integración no puede considerarse únicamente en clave de incentivos o penalizaciones, en clave de premios y castigos. Si la motivación tiene como única finalidad la de controlar y evaluar el rendimiento de las distintas áreas de trabajo, entonces seguiremos en un modelo taylorista desinteresado por las capacidades de

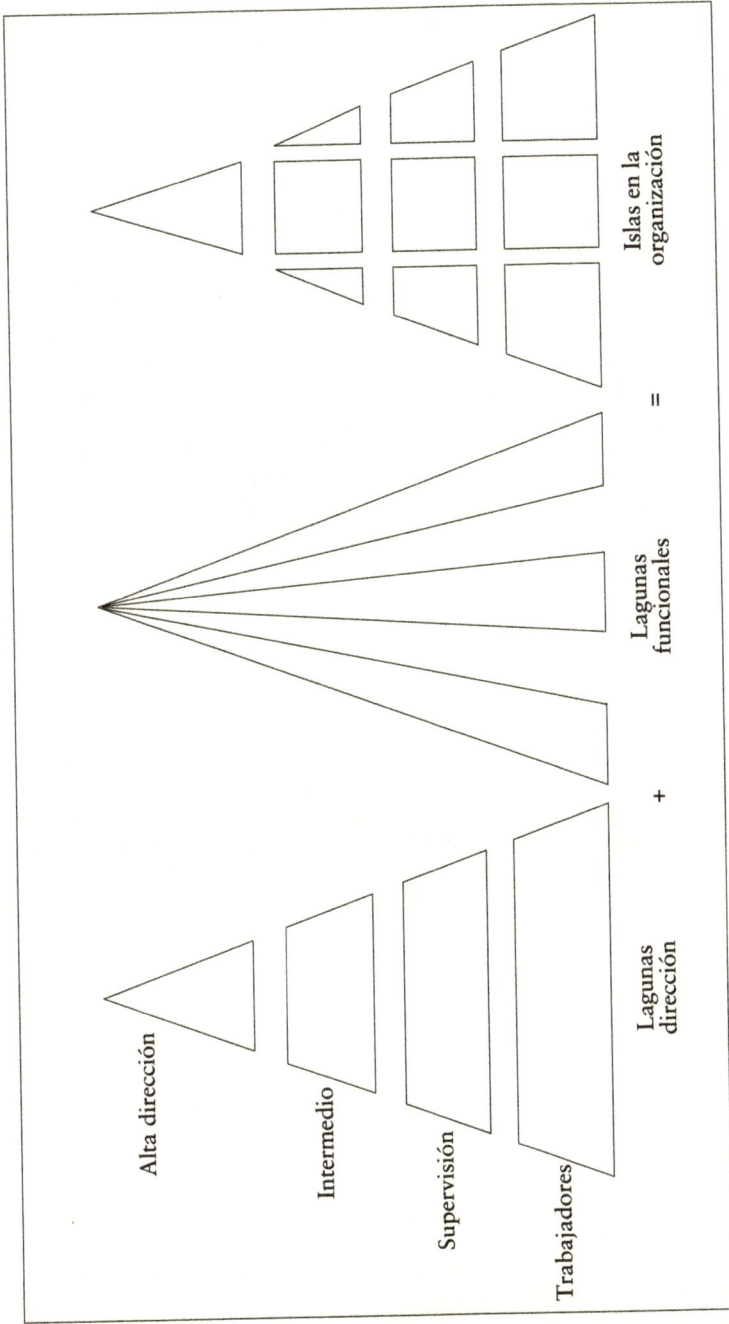

FIGURA 3: *Fragmentación en la organización empresarial*
(*Fuente*, Rodríguez Carrasco, 1992: 15)

innovación, cooperación y responsabilidad. El control y la evaluación de la rentabilidad es tan sólo una de las tareas del directivo, pero no la única ni la más importante.

El control y la evaluación se integran en una tarea de mayor alcance: *optimizar el capital humano*. En esta dirección se han situado las filosofías empresariales que con mayor eficacia han revisado el taylorismo. Para ello han buscado la integración no en la imposición de un proyecto que es externo a quienes lo tienen que aplicar, sino en su asentimiento y consentimiento. Objetivos éstos que pueden lograrse en la medida en que se produce una *convergencia sinérgica de perspectivas*, esto es, en la medida en que todos asumen cooperativamente la responsabilidad empresarial. Para optimizar, el desafío ético se plantea como una tarea de:

— Descubrir, reconocer y potenciar las capacidades de los sujetos, devolviéndoles el poder a ellos, reconociendo que cada vez pueden estar más capacitados para responder a nuevos objetivos.

— Acompañar discretamente, de modo similar a como los jardineros cuidan la tierra y la riegan. Ésta es la imagen que han elegido algunos expertos de la dirección de empresas para transmitir gráficamente la urgencia de incidir en una lógica de la responsabilidad que exige pasar del «orgullo del escultor» a la «humildad del jardinero».

— Clarificar las reglas de juego y los valores compartidos. La lógica de la cooperación responsable no germina cuando la opacidad y la ausencia de veracidad se instalan en una institución humana.

En definitiva, son éstas unas tareas que también están encaminadas a sustituir una *ética de la sospecha* por una *ética de la confianza*. Si el directivo oculta intencionadamente la información, si desconfía de quienes le rodean para asumir nuevas responsabilidades y si plantea su trabajo en clave de fiscalización y no en clave de optimización, quizá nos encontremos ante un eficaz mayordomo o un diligente capataz, pero no ante un *experto en cooperación responsable*. No han faltado quienes al revisar las tareas del *management* empresarial han afirmado que la dirección de empresas no es sólo una cuestión de medios y de técnicas motivacionales, sino una cuestión de confianza, respeto y *capacidad de escucha*.

C) Una de las tareas más propias, y específica, de la dirección es la de *decidir*. Y no sólo decidir porque otros (accionistas, empresarios) le han consultado, sino porque está obligado a tomar iniciativas, a *innovar* caminos de acción para sí y para la organización. Para ello deberá estar especialmente capacitado puesto que tendrá que moverse en entornos muy competitivos, muy flexibles y, sobre todo, cada vez más complejos. De ahí que una de las exigencias primeras y básicas sea la de tener una voluntad de formación que le capacite para estar bien informado para responder a los desafíos que una comunicación eficaz le puede plantear en todos los niveles.

Como centro de decisión, el ejercicio de la dirección se concreta en una serie de tareas importantes que son:

a) La tarea de *emprender*, la que más le aproxima e identifica con el empresario convencional. Tarea ésta que consistirá en iniciar y proponer cambios que mejoren la situación inicial.

b) La tarea de *gestionar*, es decir, resolver los problemas ocasionados por el funcionamiento de la organización. Gestión que deberá aplicar en la resolución de conflictos, en la respuesta a nuevos problemas y en la defensa de amenazas que exigirán modificar la estrategia empresarial.

c) La tarea de *asignar recursos*, tanto materiales como humanos. Para ello deberá plantearse seriamente cómo hacer que la capacidad de libertad personal se inserte en un sistema organizativo que debe actuar de forma cooperativa. Dado que esto no es fácil, es importante mantener unos sistemas organizativos abiertos y flexibles. Esto significa que la organización no se ha establecido al margen de las personas que están en ella. Asignar es por ello *aproximar* las personas a la organización y evitar esquemas administrativos que ahogan la libertad de quienes trabajan en una organización. En este sentido, el directivo es también un *descubridor de talentos directivos* y un incentivador de capacidades en quienes le rodean.

Ésta es la vía privilegiada para conseguir que una cultura corporativa no sea un proyecto decorativo diseñado desde los despachos de la dirección. Es la vía de la integración puesto que hace posible que quienes participan en la organización se *identifiquen* con ella. Ello exige un conocimiento detallado de quienes ahí trabajan con el fin de que la adecuación entre personas y funciones no produzca desajustes.

d) La tarea de *negociar*, tanto dentro como fuera de la empresa las influencias, los cambios y los efectos que produzcan sus actuaciones. Para ello no sólo deberá ser un buen observador y conocedor de la naturaleza humana, sino que deberá cultivar una minuciosa y detallada sensibilidad ética.

Por lo que llevamos dicho hasta ahora podemos ver que la dignificación del *management* no es una meta fácil de conseguir. Y no lo es porque el «directivo» no responde a un tipo homogéneo de funciones. Dada la cantidad de tareas que tiene asignadas un directivo es preciso hablar de un *directivo multitipo*; alguien que tiene que ejercer a la vez de político, empresario, maestro, jefe, juez, psicosociólogo, organizador, controlador, censor, ejecutivo y ser humano. Rasgos todos éstos que, en su adecuada proporción, podrán hacer del directivo un líder con capacidad para integrar a las personas en una organización y compartir con ellas un proyecto empresarial.

4. *Autoridad, responsabilidad y liderazgo*

Auctoritas es un sustantivo que viene del supino *autum* del verbo *augeo*, de donde vienen *auge* y *aupar*. Es decir, la autoridad se produce cuando el otro recibe el aupamiento de uno. Un directivo tiene autoridad cuando es aupado, es elevado por aquellos a quienes dirige. En este sentido, tienen más autoridad quienes más a disposición están de los demás, quienes más les sirven.

La autoridad es una cualidad unida al ejercicio *personal* del poder en cualquiera de sus ámbitos de aplicación. A medida que un directivo necesita acudir más a la fuerza, a la coacción, a los reglamentos o a las leyes, en esa medida, su dirección será más despótica; es decir, su autoridad será más *administrativa*. Por el contrario, en la medida en que sus decisiones se legitimen en un proyecto integral de empresa y en la ejemplaridad que él demuestre, hablaremos de un directivo con autoridad *real*. Lo ideal en un grupo humano como la empresa es *que la autoridad administrativa coincida con la autoridad real*.

¿Qué hacer para que esta distancia sea la menor posible o desaparezca? Ante todo hay que tener presente que la autoridad se gana con la habilidad, el esfuerzo, la ejemplaridad, la disponibilidad, y, sobre todo, *con la capacitación para el ejercicio de una responsabilidad compartida*. Un directivo autoritario que recurra siempre a una situación de poder en la que se encuentra necesitará la *lógica de la obediencia*.

Un directivo «con autoridad» practica la lógica de la responsabilidad y está interesado en que el proyecto integral de empresa clarifique y delimite las responsabilidades. La autoridad de un directivo es importante en el *proceso de aplicación* de la filosofía empresarial, puesto que es ahí donde debe demostrar que la eficacia de sus decisiones no nace del *lugar administrativo que ocupa* en la organización, sino del *reconocimiento personal que provoca*. En este sentido, la autoridad no es una capacidad coactiva sino una capacidad directiva que posibilita el crecimiento cooperativo y, por consiguiente, el cumplimiento de los objetivos marcados.

Un directivo «con autoridad» es un auténtico líder, de ahí que la psicología social y política se hayan preocupado tanto de analizar esta figura que, desde la lógica de la responsabilidad, puede *ejercer legítimamente un poder*. Algunos investigadores que han aplicado los estilos de liderazgo a la dinámica de las organizaciones han llegado a las siguientes conclusiones:

a) Hay una diferencia real entre el liderazgo del *laissez-faire* (del dejar hacer) y el democrático; las tareas realizadas son de mayor calidad con éste último.

b) El liderazgo democrático puede ser eficaz; su motivación es mayor y la originalidad también; el clima grupal es de menor sumisión, menor miedo y más afectivo; se da más mentalidad cooperativa.

c) El liderazgo autoritario crea hostilidades y agresividades; el lider se hace indispensable, su desaparición es más traumática y hay menos conciencia grupal.

d) El autoritarismo crea un descontento que frecuentemente no sale a la superficie del grupo, provocando agresividad y malestar.

e) El autoritarismo genera dependencias y favorece menos la individuación y personalización.

No sólo es éticamente más deseable un liderazgo democrático, sino que puede ser, también, *más eficaz*. Las características de estos estilos aparecen resumidas en la figura 4.

Autoritario	Democrático	Laissez-faire
1. El lider fija qué procedimientos se han de seguir.	1. Es el grupo el que determina los procedimientos, animado por el líder.	1. El grupo tiene total libertad para determinar su modo de funcionamiento.
2. La autoridad revela los pasos a dar de uno en uno, de modo que siempre queda incierto el futuro.	2. Las discusiones van dando un sentido de perspectiva. Se logra un esquema general de acción. Si hay dudas el líder presenta alternativas.	2. El líder de materiales. Dice que dará más información si se necesita. Apenas participa en discusiones.
3. El líder determina la tarea concreta, y los compañeros para cada miembro del grupo.	3. Los miembros son libres de elegir compañeros de tarea, y de repartirse las tareas.	3. El líder no participa para nada en determinar tareas ni compañeros.
4. El líder es muy personal y subjetivo en alabar y criticar. Dirige, no participa.	4. El líder es muy objetivo, «fáctico», en alabar y criticar. Participa en la tarea.	4. No hace apenas comentarios sobre la tarea, a no ser que le pregunten. No evalúa.

FIGURA 4: *Estilos de liderazgo*
Fuente: L. López Yarto, *Psicología social*, «El liderazgo», Univ. Pont. Comillas, Manuscrito

5. *La emergencia de una nueva cultura empresarial*

Una nueva cultura empresarial como la que puede emerger de un modelo postaylorista es el resultado de un proceso de renovación continuada de unos valores compartidos. Renovación que se realiza desde un taylorismo heredado que aún sigue siendo dominante pero que está siendo sustituido por nuevos modelos de empresa, caracterizados por unos *valores que emergen* y con los que responder a nuevos desafíos. Esta nueva cultura, atendiendo a unos parámetros empresariales básicos, podría ser representada gráficamente según la figura 5. Expliquémosla brevemente.

Parámetros	Valores dominantes	Valores ascendentes
1. Finalidad de la empresa	Beneficio económico	Servicio a la sociedad
2. Tendencias humanas básicas	Deseo de adquirir y poseer	Afán de crear y compartir
3. Definición de la estrategia	Consecución de resultados	Descubrimiento y realización de principios
4. Consecuencias de la actividad empresarial	Consecución de objetivos primarios	Previsión de efectos secundarios
5. Desarrollo de las personas en la organización	Rango	Inclusión
6. Actitud ante los impulsos espontáneos	Satisfacción de necesidades	Ordenación y sentido de las necesidades

FIGURA 5: *Dinámica de los valores en una cultura empresarial*
Fuente: Adaptado de A. Llano, *La nueva sensibilidad,* p. 154

1) Partimos de una *reconsideración* de las finalidades de la empresa. Básicamente son: *a)* proporcionar un servicio a la comunidad social; *b)* generar un suficiente valor económico añadido (beneficio); *c)* proporcionar a sus miembros satisfacción personal y perfeccionamiento humano; *d)* lograr una capacidad de autocontinuidad o permanencia. La nueva cultura amplía el marco de referencia del estado y el mercado (finalidad *b* o *d*) e introduce la referencia al mundo de la vida cotidiana: tradiciones culturales, autorrealización personal, sociedad civil, sociedad internacional etc. (finalidades *a* y *c*).

2) No puede pasar por alto la motivación de los actores. Desde una perspectiva puramente instrumental los valores de posesión y de triunfo son los dominantes. Esto significa que uno de los retos de esta cultura está en descubrir, clarificar y potenciar una *perspectiva cooperativa y creativa* que necesariamente está en la empresa. Muchas veces no es fácil verla puesto que nos estamos acostumbrando a no pensar el lugar de trabajo como un lugar donde podemos autorrealizarnos y dar, también, lo mejor de nosotros mismos.

3) Como ya hemos visto, en la cuenta de resultados hay factores cualitativos que *sostienen* los resultados. Si no se piensa que es preciso mantener también esta base cualitativa que sostiene los resultados, éstos se mantendrán inercialmente y no es seguro que a largo plazo no desaparezcan. Las cuentas de resultados y las evaluaciones de objetivos son también el producto de un *estilo empresarial determinado por un êthos*

cooperativo como el que se desarrolla cuando hay un proyecto integral de empresa.

4) Al considerar los resultados y los objetivos en el marco de un *êthos cooperativo*, la responsabilidad obliga a otorgar mayor importancia al ejercicio de *preveer y anticipar* las consecuencias de las decisiones. Los efectos no deseados no son únicamente el fracaso de un departamento o sección, son el resultado de un proyecto de empresa precisado de revisión.

5) Todo proyecto supone una distribución de funciones y responsabilidades. Esta distribución, en la cultura taylorista que aún domina en muchos espacios empresariales, se presenta fuertemente jerarquizada y asentada en una lógica de la obediencia donde el *rango* o lugar jerárquico no sólo limita las responsabilidades, sino las posibilidades de innovación y cambio. Sin embargo, planteada en términos de *inclusión*, la distribución de funciones exige un planteamiento más ágil y flexible que el puramente jerárquico. Un planteamiento que responda a capacidades diferenciadas y permita una evaluación de la responsabilidad no sólo en términos de promoción, sino en términos de pertenencia, inclusión e integración (sinergia organizativa).

6) En la elaboración de una cultura empresarial, al igual que una cultura social o política, se pone en juego una *imagen de hombre* que no siempre se clarifica. En el planteamiento taylorista se trabaja con la idea de un hombre que satisface unas necesidades determinadas. Un hombre que mediante una ocupación o empleo obtiene los medios suficientes para satisfacer sus necesidades y puede o no desarrollarse como persona en el lugar de trabajo. Sin embargo, esta satisfacción de necesidades no se da al margen de unas formas de vida desde las que se ordenan y justifican. Por ello una nueva cultura empresarial no puede incidir *sólo* en la satisfacción de necesidades, sino que también debe plantearse la pregunta por su ordenación y sentido. Será precisamente la articulación de necesidades y el sentido de las mismas lo que nos permita descubrir la idea de hombre que destila una cultura empresarial.

6. *Principios básicos de acción*

Esta cultura emergente precisa de unos principios básicos de acción que serían:

a) Gradualidad

Es fruto de una mentalidad dogmática no reconocer las gradaciones, los matices y las variedades en el proceso humano de valoración. La calidad en los productos, al igual que la calidad en las relaciones de una organización es el resultado de graduar los *tiempos de maduración*. La dirección profesional sólo se logra tras un tiempo de aprendizaje y maduración. Igual sucederá en una cultura empresarial; ésta no se obtiene sólo con la elaboración *teórica* de unos principios, sino con su *ejercitación gradual*.

b) Pluralidad

Una convergencia e integración de perspectivas personales como la que tiene que lograr el directivo sólo es posible cuando se reconoce la diversidad y heterogeniedad del grupo humano con el que trabaja. Un *êthos cooperativo* se sustenta en una *unidad diferenciada*, de ahí que no tengamos un proyecto integrador si no conseguimos potenciar las capacidades de los miembros. Cuando una empresa elabora un código ético o una filosofía empresarial, está intentando plasmar este desafío.

c) Complementariedad

Una perspectiva distinta no es necesariamente contraria, de ahí que debamos comenzar a pensar en términos de complementariedad, no sólo para ver *más* sino para ver *mejor*. Ven mejor aquellos que tienen más posibilidades para añadir, incrementar y completar aquello que están viendo. Este principio nos recuerda la necesidad de que el proyecto *integre las perspectivas* de quienes participan en él.

d) Integralidad

La integración de vocación y profesión, de especialización técnico-laboral y proyecto de cooperación socio-económica hace que, en el conjunto de una empresa, el directivo no sea sólo un hombre que *cumple mecánicamente* con unos objetivos previstos, sino un profesional que *responde*, crea, emprende e inventa. La especialización, la sectorialización y la fragmentación pueden responder a una mecánica funcional; sin embargo, deben plantearse en un horizonte de flexibilidad, polivalencia e innovación creativa.

e) Solidaridad

Este principio nos recuerda la necesidad permanente de la cooperación para lograr mayores niveles de justicia, con el fin de explorar y explotar al máximo las propias capacidades (creatividad personal). Pero al mismo tiempo es un principio que nos exige *poner las propias capacidades al servicio de la comunidad*, es decir, poner la *creatividad* personal al servicio de la *cooperación*. Éste es uno de los desafíos más básicos para la modificación de un tipo de civilización que con excesiva facilidad tiende a sustituir el capital creatividad (trabajo, cooperación, comunicación) por el capital financiero.

IV. AUTORREGULACION PROFESIONAL Y PATRIMONIO MORAL

1. *La autorregulación en la dirección empresarial*

Un perro de doble cabeza es el símbolo que utilizan algunos consejos de prensa europeos para representar gráficamente su función. Ladra con una cabeza hacia fuera de la propia profesión para alertar de los peligros que la acechan, y con la otra hacia dentro para denunciar los abusos que se cometen en el ejercicio de la libertad. Esta imagen resulta expresiva cuando nos preguntamos por el tipo de control que puede realizarse en un colectivo profesional.

Ante el problema de la regulación son posibles distintas actitudes. Por un lado están quienes consideran que el propio mercado seleccionará a los profesionales más adecuados; es, por tanto, un criterio de selección natural. Por otro están quienes exigen una reglamentación específica de la profesión y, a ser posible, que esté jurídicamente garantizada. Entre ambos están quienes consideramos que ambos planteamientos son excesivamente simplistas.

El primero porque olvida todos los condicionamientos formativos, mercantiles, jurídicos o sociales que intervienen en el ejercicio de una profesión. El directivo también es un trabajador y por ello el ejercicio de su reponsabilidad está *mediado* por una serie de condicionamientos éticos dignos de consideración (licitud de los medios, legitimidad de los fines, ponderación de consecuencias, etc.). El segundo porque somete la libertad y la responsabilidad a unos márgenes reglamentarios que dificultan la movilidad, la flexibilidad y la creatividad. El directivo no podría salirse de unas funciones asignadas y reglamentadas por agentes externos a la propia actividad profesional.

Con el fin de evitar la impunidad y la excesiva reglamentación externa a una determinada actividad, en las éticas profesionales utilizamos el término de *autorregulación*. Término con el que recogemos, por un lado, la necesidad de una mínima regulación de una actividad profesional y, por otro, que ésta no sea externa a quienes conocen en detalle la complejidad que conlleva su ejercicio. La difícil credibilidad social que han logrado muchas profesiones ha sido el resultado de complejos procesos de autorregulación. El profesional que actúa ateniéndose a una ley o reglamento externo y lo hace por temor a su aplicación siempre será un profesional «menor de edad» y no estará dispuesto a asumir los riesgos que las nuevas situaciones le planteen.

Si una ética de la dirección pretende tener credibilidad, debe estar dispuesta a asumir los riesgos que tanto la sociedad como la empresa le exigen. Para ello deben ser los propios profesionales quienes, ateniéndose a convicciones morales propias, a los imperativos éticos de la sociedad en la que viven y a las exigencias corporativas de la empresa, forjen una credibilidad profesional. Dada la naturaleza mediadora de su función, la autorregulación deberá atender a una serie de criterios que no son únicamente internos a la empresa. Tampoco podrá estar únicamente fuera de ella ya que entonces no se respondería a la necesidad de diferenciar estilos, productos, calidades y, en definitiva, servicios.

¿Desde dónde proceder, pues, a esta autorregulación?, ¿nos queda sólo la conciencia personal de cada directivo como último criterio? Al recurrir a la autorregulación, aunque estamos dando mucha importancia a la responsabilidad personal en el esclarecimiento de los criterios, no nos estamos limitando a la conciencia como *única* instancia de relevancia moral. Estamos recurriendo a una *conciencia profesional formada* que se consigue teniendo voluntad de formación, teniendo voluntad de trabajar en equipo y, sobre todo, teniendo *voluntad de elaborar un marco intersubjetivo de responsabilidades compartidas*. Marco intersubjetivo que puede reflejarse en ese proyecto integral de empresa del que va naciendo una cultura empresarial.

El autocontrol suele ser el resultado de reconocer que las normas disciplinarias de la empresa, los códigos deontológicos de los profesionales o las exigencias normativas *externas* son necesarias e insuficientes. Es importante recordar que, aunque no haya una cultura empresarial explicitada, delimitada y asumida, *siempre* hay una cultura empresarial desde la que se justifican las decisiones que se toman. Una de las tareas éticas más importantes de la dirección es la de explicitar, delimitar, asumir y revisar esa cultura vivida. Con otras palabras, el primer paso de la autorregulación es el objetivar esa *cultura vivida* con el fin de que pueda ser también una *cultura pensada*. Pero el fin de esta objetivación no es el lograr un efecto cosmético o puramente decorativo. El fin no puede ser otro que el de poder revisar continuamente la cultura vivida haciéndola más creativa, más cooperativa y más responsable.

A medida que el directivo realiza esta tarea de revisión, mediación y actualización, la cultura empresarial se convierte en un patrimonio moral. Patrimonio que no es fácil lograr y que es el resultado de un serio ejercicio de la función directiva. Hoy contamos con una serie de recursos corporativos que pueden contribuir a la consecución de este patrimonio; recursos que han ido surgiendo de la *urgente necesidad de responder éticamente* a prácticas profesionales arbitrarias, incontroladas y de dudosa moralidad.

2. *Elementos de regulación y patrimonio moral*

a) Los códigos de conducta

Son una de las formas más habituales en las que se explicita y aclara el patrimonio moral de una empresa. Se trata de declaraciones corporativas que *contribuyen* a que este patrimonio moral ayude en la resolución de conflictos, en la orientación de las decisiones o en la clarificación de las responsabilidades. Son un conjunto de normas (principios guías o directrices) que la empresa elabora con el fin de *clarificar* las relaciones que establece, *determinar* las responsabilidades, *orientar* el trabajo profesional, *integrar* a las personas en un proyecto de cooperación y *regular* la conducta de quienes trabajan en ella.

b) Los códigos profesionales

Son un conjunto de normas que establece un colectivo profesional determinado, van ligados a asociaciones profesionales (colegios) que regulan las actividades que realizan sus miembros. Lo realmente importante no es sólo que existan sino que se conozcan y apliquen. Aunque su explicitación escrita no sea suficiente, sí es necesaria para que profesionales y afectados sepan mínimamente a qué atenerse. A pesar de sus detractores, son uno de los caminos más eficaces para comenzar a tener conciencia de la responsabilidad social de un ejercicio profesional.

c) Consejos de empresa

Son organismos en los que pueden participar los consumidores con el fin de mejorar la calidad de los productos o servicios y, por consiguiente, aumentar los niveles de credibilidad de la empresa y de fiabilidad de los productos. Pueden desempeñar una función negativa, en el sentido de ser instancias que *reparan, corrigen* y *ofrecen* cauces no jurídicos para atender al cliente. Su función también puede ser positiva cuando *rectifican, advierten, controlan* y *recuerdan* el proyecto empresarial al que se desea atenerse.

Estos consejos son organismos de un funcionamiento difícil pero de una necesidad cada vez mayor si lo que se pretende es delimitar, clarificar y establecer responsabilidades sociales y no estrictamente jurídicas. Su constitución puede ser una prueba del interés empresarial para guiarse por una cultura corporativa abierta y un desafío para que la voluntad de participación no sea una mala voluntad retórica. También son una vía adecuada para mejorar las relaciones con la comunidad en la que se trabaja, contribuyendo a fomentar una cultura de la cooperación, la confianza y la fiabilidad.

d) El «Ombudsman»

Es «el hombre que tramita». Algunas empresas han implantado esta figura con el fin de *canalizar las reclamaciones* de los afectados y *comprobar la calidad* de los servicios que *dicen* ofrecer. Es una figura que debe tener la *independencia* suficiente para servir a los intereses de los consumidores o afectados y la *autoridad* necesaria para proponer correcciones y cambios en la organización institucional.

Su función es básicamente la de ejercer una crítica interna, controlar la veracidad del proyecto empresarial, explicar al cliente el funcionamiento de la empresa y trasladar información a los directivos. Su establecimiento es complejo y no siempre que se realiza tiene las atribuciones esperadas dado que no resulta una supervisión o fiscalización del trabajo. Para algunos es un mero truco de relaciones públicas que aumenta ficticiamente la credibilidad.

Además de estas vías de regulación, algunos investigadores han añadido la necesidad de tener en cuenta otros aspectos como son: – una mayor participación de los directivos, – una mayor preocupación por la ética al seleccionar y contratar, – una especial atención a la ética en los planes de formación, – programas de comunicación para informar y motivar a trabajadores,– reconocimiento y recompensa de la ejemplaridad, – especial atención a los sectores vulnerables, – certificación periódica del cumplimiento de normas, – procedimientos de aplicación de las sanciones disciplinarias, etc.

Estos elementos, así como la auditoría ética que veremos en el próximo capítulo, son un elemento esencial para determinar un patrimonio moral que incorpora una concepción de la vida empresarial. Si esta incorporación se reduce sólo a una serie de prohibiciones, el control desempeña funciones fiscalizadoras y ordenancistas. Por el contrario, si incorpora la concepción moral practicada (pensada y vivida) nos hallamos ante una declaración cercana a lo que hemos llamado una cultura empresarial; es decir, la puesta en práctica de un proyecto integral de empresa.

BIBLIOGRAFIA

Bellah, N. (ed): *Hábitos del corazón*, Alianza, Madrid, 1989.
Blanchard, K. y Peale, N. V.: *The power of the ethical management*, W. Morrow & Co., New York, 1988.
Cecconi, O.: «Le concept de niveau de vie dans la science économique»: *Économie et Humanisme* 202 (1971), 50-77.
Domingo, A.: *Un humanismo del siglo XX: El personalismo*, Cincel, Madrid, ²1990.
—: *Ecología y solidaridad*, Sal Terrae-Fe y Secularidad, Santander-Madrid, 1991.
Drucker, P. F.: *Administración para el futuro. La década de los noventa y más allá*, Parramón, Barcelona, 1993.
García Echevarría, S.: «La respuesta empresarial y educativa a la nueva tecnología», en Varios, *Universidad y sociedad*, Universidad de Deusto, Bilbao, 1988, 290-310.
—: *Los directivos de las empresas y la competitividad*, IDOE, Madrid, 1992.
—: *Exigencias al directivo empresarial*, IDOE, Madrid, 1992.
Hortal, A.: «Ética de las profesiones»: *Diálogo Filosófico* 26 (1993), 205-222.
López Franco, J.: «La ética del management: ¿un signo más de los tiempos de la moda?»: *ICADE* 19 (1990), 109-137.
Llano, A.: *La nueva sensibilidad*, Espasa-Calpe, Madrid, 1988.
—: con Llano, C.: «Valores dominantes y valores ascendentes en la cultura de la empresa»: *Cuadernos del Seminario permanente Empresa y Humanismo* 8 (1988), 65-97.

Melé, D.: «Ética y empresa»: *ICE* 691 (1991), 122-133.
Mounier, E.: «Una economía al servicio de la persona», en *Manifiesto al servicio del personalismo*, *Obras* I, Sígueme-Instituto Emmanuel Mounier, Salamanca, 1992, 683-716.
Puel, H.: *L'Économie au défi de l'Éthique*, Cujas-Du Cerf, Paris, 1989.
Rodríguez Carrasco, J. M.: «Complejidad sistemática y estructural de la empresa»: *ICADE* 25 (1991), 5-21.
Vidal, M.: «Paradigma de ética razonable para la empresa. Exigencias básicas del discurso ético sobre la actividad empresarial»: *ICADE* 19 (1990), 13-38.

Capítulo 6

ASESORIA ETICA EN LA EMPRESA: HACIA UN NUEVO CONCEPTO DE EMPRESA

I. INSTITUCIONALIZACION DE LA ETICA EN LA EMPRESA

La necesidad de especialización y profesionalización es el supuesto básico de cualquier tipo de asesoría. En general, suele entenderse por asesoría toda actividad realizada por un experto que consiste en aportar sus conocimientos y aconsejar, a instancias de la empresa, para ayudar a tomar decisiones óptimas en los diversos procesos de la actividad empresarial. Representa, por así decirlo, una especie de complementación o compensación que el especialista, desde su competencia, puede ofrecer a la empresa. En la actualidad, nadie discute que esta tarea forme ya parte integrante de toda política empresarial.

Desde estas premisas básicas puede parecer chocante, si no provocativo, hablar de una asesoría ética. Toda una serie de preguntas surgen en cuanto relacionamos ambos conceptos: ¿quiénes son aquí los especialistas y por qué?, ¿qué abanico de problemas y decisiones cubriría esta asesoría?, ¿cómo podría realizarse?

Intentar responder a estas preguntas, y a algunas más que irán surgiendo a lo largo de esta exposición, es el propósito de este último capítulo que desea completar lo dicho en los precedentes sobre una posible y necesaria *institucionalización de la ética en la empresa*: si la cultura empresarial y la ética de la dirección son dos elementos imprescindibles de tal institucionalización, no lo es menos la posibilidad de contar con una asesoría ética de carácter global en la organización de la empresa. Con ello estaremos en condiciones de mostrar que el papel del asesor ético en las empresas es tan *modesto como irrenunciable*.

Como ya hemos ido viendo a lo largo de este trabajo, ética y empresa han sido consideradas normalmente como dos cosas diferentes, dos aspectos irrelacionables de la conducta humana. Si, por poner un ejemplo, nos vamos al terreno clásico de las *relaciones industriales*, como la red de interrelaciones entre empresarios, trabajadores y organismos del gobierno, para nada encontramos en él referencias a la ética. Si la teoría se debe ocupar de interpretar y explicar los hechos y prácticas de las relaciones industriales, en esta tarea no entra la reflexión ética. Disciplinas como la economía, la sociología, la psicología o el derecho, son las encargadas de dar razón de los componentes que, a juicio de J. T. Dunlop, conforman un sistema de relaciones industriales, a saber: actores, contextos e ideología.

Esta falta de relación entre el mundo de la ética y el mundo de la empresa responde a lo que en términos teóricos se ha denominado *sistema de complementariedad* o también *teoría de los dos mundos*. En suma, a la idea de que existe un vacío, imposible de salvar, entre la *ética* como esfera de lo privado, de lo subjetivo, de la conciencia individual, y la *empresa*, como esfera objetiva, libre de cualquier tipo de valoración y sujeta sólo al principio supremo de la ganancia. La empresa no se mueve por criterios morales, sino económicos. Esto es, los negocios vienen regidos por las restricciones legales y por la competencia del mercado. La idea de una lógica —unas leyes— propia de las relaciones empresariales, por una parte, y de una ética como expresión de los deberes morales referidos a la vida privada, por otra, ha funcionado tan bien que hasta hace muy poco podíamos decir que se trataba de una autocomprensión de la sociedad moderna.

Sin embargo, y una vez más, ha sido la praxis, en este caso que nos ocupa la praxis empresarial, la encargada de poner sobre el tapete la falsedad de estos presupuestos teóricos y, con ello, la importancia de la institucionalización de la ética en la empresa. Primero en Estados Unidos, luego en Europa y desde hace unos años también en España, las voces a favor de una presencia de la dimensión ética en la empresa no han cesado de crecer. Estas voces se han dejado oír desde la sociedad pero también, y no en menor medida, desde los propios empresarios.

En efecto, desde hace unos veinte años la *asesoría ética* ha tomado un papel decisivo en la sociedad empresarial norteamericana. Sin necesidad de cansar al lector con demasiadas cifras, sólo un ejemplo es suficiente para mostrar esta realidad. Los resultados obtenidos por un reciente trabajo empírico sobre la institucionalización de la ética en la empresa, realizado por el «Center for Business Ethics», con un muestreo formado por las 500 empresas industriales más importantes de Estados Unidos y las 500 empresas de servicios más significativas, fueron los siguientes: un 93% poseían en 1991 un código ético y un 32% de las mismas un comité específico para temas éticos. Tareas encomendadas a tales comités eran, en un 80%, la observación y control de las actividades éticas de la empresa, así como la supervisión sobre el desarrollo de la política empresarial. No solamente encontramos en las empresas los *Codes of Ethics*, sino también diferentes formas de incorporación de la ética como los *Ethics Committees of the Board of Directors, Corporates Ethics and Business Conduct/Practices Office...* A los que hay que sumar una última novedad: la *Ethics Hot Line* o *Open Line*, donde a través de una llamada telefónica, anónima por supuesto, se puede requerir información acerca de aspectos como el control de la calidad, el mal uso del tiempo de trabajo, la política de sueldos, regalos e incentivos, etc.

Ahora bien, de ser uno de los temas «estrella» de la reflexión actual acerca del *Management*, de la política empresarial, de las relaciones laborales... a convertirse en un *justifica-lo-todo* carente de significado alguno hay sólo un paso. Sin aclarar muy bien de qué forma y bajo qué condiciones puede tomar cuerpo la ética dentro de la empresa, será muy difícil que la ética no se convierta en un mero recurso para identificar eficacia económica con justicia, en el sentido en que la ética «lava más blanco». La conclusión de los capítulos anteriores es clara al respecto: la ética empresarial no consiste ni en una moda pasajera ni en un intento último de justificar relaciones injustificables, sino en una nueva forma de orientar la actividad empresarial y el diseño de las instituciones. Veamos ahora cómo podemos concretar estas ideas.

II. RASGOS BASICOS DE LA ASESORIA ETICA

1. *Asesoría informativa y asesoría normativa*

Como ya hemos visto, uno de los objetivos de la ética radica en justificar la validez de las relaciones entre los hombres, es decir, en ofrecer una explicación racional de la obligatoriedad con la que las normas que las constituyen se presentan. La reflexión ética lo que nos dice es cuáles son las razones por las que debemos actuar de una determinada forma y no de otra. Con lo cual tiene, por así decirlo, una influencia *indirectamente normativa* en la praxis. Contribución totalmente imposible de eludir, pues el ser humano tiene la capacidad de actuar por una *auto-obligación*, es decir, *es capaz de determinar por sí mismo su conducta*. El sujeto no se somete sólo a las normas por el miedo al qué dirán o por la coacción jurídica. También se somete a ellas porque está convencido de su *validez, de su legitimidad*, de su *carácter justo*. Esta *adhesión subjetiva* es lo que solemos denominar *libertad*. En consecuencia, al final, el objetivo de la ética como filosofía moral no es otro que el de la libertad.

Desde estos presupuestos es evidente que la asesoría ética debe tener un carácter normativo a diferencia de una asesoría informativa. Mientras la *asesoría informativa* se centra en la mediación del saber técnico, en los medios y métodos de la realización de objetivos —reglas de producción, introducción de nuevos materiales, marketing...—, la *asesoría normativa* se dirige hacia el planteamiento de objetivos, de fines, con referencia a las normas sociales y a los principios morales que rigen su validez. Esta última parte del hecho de que el mundo empresarial, como conjunto de relaciones humanas, está sometido a criterios de justicia. Esto implica que una «buena decisión empresarial» no debe tomarse atendiendo sólo a leyes técnicas, sino también lo debe hacer con respecto al marco social y humano en el que se inscribe, desde al que las diferentes estrategias deben también ser evaluadas. La asesoría informativa se refiere al «cómo», la normativa al «por qué». Son dos cuestiones que deben ir juntas, pero que son analíticamente diferentes.

Donde mejor puede verse esta diferencia es en la complementariedad entre ética y derecho a la que ya nos hemos referido en capítulos anteriores. La especificidad de la asesoría normativa aparece con toda claridad cuando nos fijamos en las *deficiencias del sistema jurídico, esto es, en las debilidades del potencial de dirección del derecho*. La complejidad de los mercados actuales exige una gran flexibilidad y una gran capacidad de innovación en los comportamientos y en las relaciones empresariales más allá de la información estrictamente jurídica. Y ello por varias razones.

1) El derecho se encuentra ante problemas de *tiempo y situación*, es decir, las soluciones jurídicas exigen un elevado coste en tiempo y dinero.

2) La regulación jurídica presenta *problemas de abstracción y, por ende, déficits de aplicación*, esto es, una rigidez y formalidad que deja fuera toda circunstancia particular.

3) El derecho presenta gran cantidad de *vacíos legales*, esto es, ámbitos no estructurados jurídicamente y que, sin embargo, también requieren una regulación normativa.

4) Por último, y quizás el más importante por más peligroso, el derecho positivo no tiene porqué ser inmediatamente «justo». Pueden existir asesorías legales, jurídicamente correctas y que, sin embargo, se dirijan directa o indirectamente contra la dignidad humana o contra el medio ambiente.

Desde estas deficiencias, la asesoría ético-normativa se incorpora a la empresa como una *complementación crítica del derecho válido*, pues la reflexión ética puede aplicarse a lugares donde el derecho no puede llegar. De forma incluso que podríamos establecer el siguiente teorema o axioma fundamental: *cuanto más complejas son las empresas y sus entornos sociales, más grandes son los ámbitos en los cuales los mecanismos de control habituales (jerarquía, remuneración, derecho) pierden eficacia y gana importancia la obligatoriedad de los estándares morales.*

Esta importancia de la asesoría normativa deriva de un aspecto básico pero no por ello suficientemente aclarado: nuestra capacidad de separar entre las normas vigentes en nuestra sociedad —en el interior de la empresa por ejemplo— y aquellas que merecen el calificativo de «justas» o «correctas». Se suele denominar a esta capacidad *nivel postconvencional de la conciencia moral*, porque representa la capacidad cognoscitiva que tenemos, teórica y práctica, de «ir más allá» de las normas sociales, sean éstas tradicionales, religiosas o jurídicas.

Ésta es la razón básica por la que el caso japonés, sin dejar de ser significativo, no es ningún ejemplo para nuestras empresas europeas. La motivación que deriva de la adhesión de clientes, trabajadores, proveedores... no puede venir de tradiciones dadas ni de credos religiosos. Debe venir más bien de las *razones* que muestren la validez, justicia o legitimidad de una acción, norma o institución como la empresa. Y estas razones no pueden detenerse en el nivel convencional, ya que desde la óptica de nuestras sociedades modernas existe una *pluralidad* de tradiciones y criterios de valoración. Imponer uno sobre otro sería ir en contra de nuestra responsabilidad como seres libres y autónomos o, en el mejor de los casos, significaría limitar el potencial de legitimidad de nuestras razones.

Ahora bien, desde estas premisas sólo nos quedan dos caminos: o aceptamos el *relativismo* que supone afirmar que todos los valores son igualmente válidos, con lo cual evidentemente no hay *consulting* ético posible, o definimos un principio o *criterio moral* que, sin romper este pluralismo que define nuestra forma de vida, nos permita discernir la validez o justicia de nuestras instituciones. Esta última posibilidad se convierte, consecuentemente, en el único camino posible para una asesoría normativa y a encontrarlo pueden ayudarnos las teorías éticas actuales.

En los capítulos anteriores hemos analizado distintas posiciones éticas, pero a la hora de abordar el tema de la asesoría ética nos vamos a decidir por una de ellas: *la ética discursiva o comunicativa*. Razones para tal opción son las siguientes: que nos proporciona ese criterio que buscábamos para dilucidar la justicia de nuestras acciones e instituciones, que constituye —a nuestro juicio— una síntesis de las principales corrientes éticas y, por último, que al apoyar el mencionado criterio en la capacidad que todos los seres humanos tenemos de comunicarnos unos con otros, es perfectamente adecuada para orientar una asesoría normativa.

El criterio al que nos venimos refiriendo es el *principio de universalización* que se expresaría del siguiente modo: *una acción, norma o institución es justa o correcta cuando puede ser aceptada por todos los afectados en un diálogo libre y simétrico*. Este criterio de decisión no rompe el pluralismo de las formas de vida, porque lo único que nos exige es el diálogo, y en su caso, el posterior acuerdo entre todos los afectados. Tampoco cae en el relativismo, pues aceptar este criterio supone *respetar las reglas* que lo definen, esto es, las condiciones que hacen posible el diálogo o la argumentación: reconocimiento, tolerancia, reciprocidad... Desde este punto de vista, la ética puede ser definida igualmente como una *lógica de la argumentación práctica*, en nuestro caso, como un análisis de las condiciones que subyacen al sentido de la empresa como institución social.

2. *Características de la asesoría ética*

De este principio de universalización se siguen dos características básicas para la asesoría ética. Se trata, en primer lugar, de un *principio procedimental*, esto es, no nos dice qué normas debemos seguir (qué debemos hacer), sino cuál es la forma racional para poder saber qué reglas, valoraciones... son correctas. De ahí que la ética no pretenda poseer ninguna verdad absoluta desde la cual decidir el bien o el mal. Sólo, y no es poco, nos define las condiciones para que una solución buscada entre todos los afectados pueda ser llamada justa. Consecuentemente, la asesoría ética, en cualquier situación en que tenga lugar, consiste más en un *proceso que en un producto*. Es decir, no se dedica a decirle al asesorado lo que tiene que hacer en cada momento, sino a ayudarle a «tomar decisiones», a descubrir por sí mismo qué camino es el más adecuado desde el punto de vista normativo. Si de esta contribución deriva, como veremos, la redacción de documentos, guías, códigos... éstos nunca deben sustituir a la reflexión, argumentación y toma de decisiones. Si así fuera se convertirían no en una ayuda, sino en una obstrucción a la autonomía y, por tanto, a la responsabilidad de cada uno de los actores empresariales. Autonomía que, según el principio expuesto, no es posible sin el reconocimiento de la autonomía de los demás sujetos implicados.

En segundo lugar se trata de un principio *ideal* o, si queremos llamarlo así, *metainstitucional*. El principio, que los éticos suelen denominar también *punto de vista moral*, representa una exigencia que fácticamente nunca puede ser cumplida en su totalidad. Requiere que *todos* los afectados posibles, por ejemplo *todos* los consumidores, proveedores, clientes... tomen parte de la argumentación. Y, además, bajo condiciones de perfecta simetría, es decir, sin coacciones, ni presiones, con las mismas capacidades y competencias, con todo el tiempo necesario, etc. Lógicamente estas fuertes condiciones no se cumplirán nunca. La pregunta que sigue es evidente: ¿para qué sirve entonces este principio?

Imaginemos para responder a esta pregunta el ejemplo de una brújula. De hecho, cuando estamos perdidos no nos dice cuál es el camino a seguir, sino que siempre indica un punto invariable. Ahora bien, ¿podemos encontrar el camino sin su ayuda? Al igual ocurre con el principio moral. Éste constituye lo que los teóricos llaman una *idea regulativa*, una idea que sirve de guía para la acción, de orientación para nuestra actuación cotidiana, nos dirá Kant. Sin esta idea no tendríamos un punto de referencia desde donde analizar la situación, desde donde poder decidir racionalmente nuestros problemas prácticos. Estaríamos limitados al marco convencional de nuestra sociedad que, como la historia y la más absoluta contemporaneidad no se cansan de repetirnos, no tiene porqué ser válido por el simple hecho de estar vigente.

De esta condición (ideal) del criterio moral deriva una segunda característica importante de la asesoría ética: sólo puede concretar su asesoramiento de *forma negativa*. Puede dar un abanico de posibilidades, de orientaciones, pero sólo puede ofrecer una respuesta concreta en el caso en que se violen algunas de las condiciones que permiten un acuerdo racional. No puede avanzar cuáles serán los resultados del acuerdo, pero sí decirnos cuándo se están incumpliendo algunas de las reglas básicas que permitirían, en caso de realizarse, alcanzar un acuerdo.

3. Niveles de la asesoría ética

De todo lo anteriormente dicho se deriva que la *asesoría ético-empresarial* tiene como principal objetivo ofrecer una ayuda, una orientación, para la *resolución consensual* de conflictos en los contextos específicos de la acción empresarial. Desde estas premisas, el ético puede ser considerado un especialista, esto es, posee un saber específico, en tres niveles diferentes.

El primer nivel se refiere a la necesaria *aclaración de conceptos básicos* de la racionalidad económico-empresarial, con referencia a la exigencia moral del acuerdo como criterio general. Desde aquí deberían constituirse los puntos de referencia últimos de toda valoración ética de la actividad empresarial. En este nivel se trataría, por ejemplo, de aclarar qué se entiende por eficacia, qué son considerados costes y qué queda fuera de esta consideración, qué significado tiene la empresa, qué concepto de responsabilidad debemos utilizar, etc.

El segundo nivel entra ya en el terreno específico de la empresa. Consiste en la aportación del ético a la explicitación de las condiciones necesarias para que podamos hablar de eficacia sin negar la justicia de las relaciones empresariales. Se trata de una *plasmación de las ideas anteriores en forma de normas, recomendaciones, valores... que definan el sentido y la finalidad de cada empresa particular*. Por ejemplo, en forma de códigos morales o como parte esencial de la cultura o filosofía empresarial. Aunque el último apartado de este trabajo se centrará en estas medidas concretas, no hay que olvidar que nunca podemos reducir la asesoría ética a un «libro de recetas» donde encontremos todas las soluciones a los problemas.

El tercer y último nivel consiste en *aplicar estas normas generales que definen a la empresa en el terreno particular y situacional de la toma de decisiones empresariales, es decir, en los casos concretos*. Aquí tenemos que tener ya en cuenta las circunstancias particulares, las presiones concretas del momento, las dificultades de realización... El especialista ético tiene aquí la misión de introducir —explicitar— en ellas la dimensión moral, los supuestos básicos, que todo conflicto, también los empresariales, conllevan.

Estos niveles darán lugar, como veremos en nuestro último apartado, a dos formas diferentes de llevar a cabo la asesoría ética empresarial. Pero antes tenemos que aplicar este criterio moral al caso concreto de la concepción de la empresa, con lo cual tendremos definido el *marco normativo* desde el que el especialista ético lleva a cabo su asesoramiento.

III. LA EMPRESA COMO INSTITUCION SOCIAL

A estas alturas del presente trabajo debe quedar claro que la cuestión no es si la empresa tiene o no una dimensión moral y, por tanto, requiere una reflexión ética para su especificación y aclaración. La empresa, como institución capaz de tomar decisiones, como conjunto de relaciones humanas con una finalidad determinada, *ya siempre tiene una dimensión moral*. La cuestión es más bien saber cuál.

Ni un *enfoque correctivo*, consistente en entender la ética como un antídoto contra la lógica propia de la empresa, ni un *enfoque funcional*, consistente en concebir la ética como un mero instrumento al servicio de la estrategia empresarial, pueden constituir un punto de apoyo suficiente para la asesoría ética, porque ambos parten de una separación tajante entre ética y empresa. Esto significa que conciben la empresa como un sistema cerrado, aislado del contexto humano y social que la envuelve. Con ello, cierran el acceso a un nuevo concepto de empresa como un proceso que responde a la capacidad humana no sólo de satisfacer necesidades e intereses, sino de redefinirlos y modificarlos. Se impide así cualquier estrategia de innovación empresarial que siga criterios morales.

Se requiere más bien un *enfoque integral* que entienda que la dimensión moral no es algo externo a la empresa, ni tampoco un mero instrumento al servicio del beneficio empresarial, sino que *responde más bien a la necesidad de legitimación o validez que requiere la empresa como institución social que es*. La empresa necesita una serie de condiciones para asegurar su propia existencia. El objetivo de este enfoque es explicitar estas condiciones y analizar el papel que, de hecho, juega la moral en ellas.

Desde este marco normativo el método de trabajo consiste en *sacar a la luz* las reglas que hacen posible la acción empresarial a través de un análisis de sus elementos fundamentales. Como ejemplo de este método de trabajo podemos detenernos brevemente en uno de estos elementos clave: la *eficacia*.

El significado pleno del concepto «eficacia» aparece con toda su amplitud en cuanto realizamos el siguiente razonamiento: *si* no existe una racionalidad empresarial neutra, si más bien todas las acciones empresariales responden a múltiples intereses sociales que pueden entrar en conflicto, si existe una interdependencia de beneficios y costes, *entonces* preguntar por la eficacia —o, como veremos, por la calidad de una empresa— no puede ser asunto exclusivo del cálculo económico, *debe depender también de una respuesta entre todos los afectados e implicados*.

En definitiva, la idea es que cuando existe esta interdependencia, la pregunta por la economía eficaz, la pregunta por el beneficio como criterio de actuación, no puede prescindir del *acuerdo de todos los implicados obtenido a través de un diálogo racional*.

De cuanto venimos diciendo se siguen tres consideraciones para la definición del marco de actuación de la asesoría ética:

1) Las decisiones empresariales nunca son decisiones privadas, pues afectan a la calidad de vida de terceras personas. De ahí que la determinación de las preferencias empresariales no pueda ser sólo una cuestión

de empresarios o managers, sino que deben realizarse siempre desde el horizonte de la consideración —en la medida de lo posible— de todos los afectados.

2) La cuestión no es actuar ni inmoralmente ni antieconómicamente. El objetivo de la ética empresarial es precisamente analizar el campo de intersección entre ética y acción empresarial, buscar una integración entre criterios éticos y económicos, esto es, *síntesis innovadoras* que recojan esta intersección. En suma, la *armonización* de las exigencias funcionales y éticas de la empresa.

3) Es necesario, para ello, un diálogo empresarial entre los implicados acerca de la utilidad o los costes, tanto internos como externos de la decisión empresarial. Podemos hablar así de una *política empresarial orientada al consenso*.

Estas tres consideraciones, que podemos sintetizar bajo el rótulo de la *idea regulativa del diálogo político-empresarial*, constituye el marco desde el cual debe actuar el asesor ético empresarial. El esquema de la figura 1, tomado de P. Ulrich, explica los diferentes niveles que requiere esta concepción de la *empresa como institución social*. La competencia del asesor ético estriba precisamente en facilitar un movimiento entre cada uno de estos niveles, pues es obvio que el diálogo no será siempre posible ni estará en condiciones de ofrecer una solución racional. Como tendremos ocasión de analizar, el cálculo de consecuencias hará necesario el trabajo interdisciplinar, siempre bajo la idea de que alguno de estos niveles por separado rompería el difícil equilibrio que se pretende entre eficacia y justicia.

Alguien puede pensar que estamos ante un idealismo incompatible con los criterios «reales» por los que debe moverse la acción empresarial. Pero si no comprendemos que una *ética empresarial* es necesaria como búsqueda de estrategias de consenso dentro y fuera del mundo empresarial, entonces tampoco podremos explicar el *papel de la empresa dentro del orden social* y, por tanto, no podremos dar razón de su legitimidad. Expliquemos brevemente esta afirmación.

Ya hemos visto que desde el momento en que la empresa, como organización jurídico-económica, es capaz de tomar decisiones, se convierte en algo más que un mero agregado de individuos para pasar a ser un ámbito necesitado de validez o legitimación. La afirmación realizada significa que en una economía libre de mercado esta *legitimación* sólo es posible si cuenta con el acuerdo o consenso de todos los intereses implicados. Dicho de otra forma, legitimación significa que la empresa encuentra «su lugar» dentro del sistema social global al que pertenece y del que depende. Y hoy en día sólo existen dos formas de mantener cualquier tipo de institución: o la violencia (coacción, presión, temor...) o el consentimiento racional de las partes implicadas. Esto último implica el concepto de auto-obligación, es decir, el sentido de una adhesión racional a las normas que establecen el funcionamiento empresarial. La experiencia muestra que sólo la conformidad racional y la credibilidad social

ÉTICA DE LA EMPRESA

	I Nivel *Acuerdo Político-Empresarial.* *(Management Normativo)*	II Nivel *Dirección Sistémico-estratégica* *(Management Estratégico)*	III Nivel *Instancia de Recursos Operativos* *(Management Operativo)*
Objeto racionalización	Ordenamiento de preferencias colectivas de la empresa (fines objetivos, normas)	Principios de función (estrategias, estructuras, sistemas de dirección)	Factores de producción, (recursos, medios de producción)
Perspectiva de la empresa	Institución social	Sistema Socio-económico	Combinación factores producción
Transfondo experiencia	Presión Legitimadora (cambio de valores)	Presión de innovación (cambio estructural)	Presión costes (desarrollo técnico)
Criterio de éxito económico-social	RESPONSABILIDAD (consideración valor de la empresa)	EFECTIVIDAD (multifuncional)	EFICIENCIA (pluridimensional)
Tareas Básicas	Construcción Potencial del acuerdo político empresarial	Construcción del potencial estratégico de éxito (mercado y no mercado)	Construcción del potencial de producción operativo
Tipos de racionalidad	Racionalidad comunicativa	Racionalidad estratégica (sistémica)	Racionalidad instrumental
Tipos de problemas económico-sociales	Problema de consenso (dominio de conflictos)	Problema de dirección (dominio de complejidad e inseguridad)	Problema de producción (dominio escasez)
Método básico	Diálogo (argumentación)	Tecnología social (dominio)	Cálculo (cómputo)
Referencia a la praxis	*Crítico-normativa* (entendimiento)	*Empírico-analítica* (disposición)	*Normativa-analítica* (optimización)

FIGURA 1: *La empresa como institución social*

mantiene esta fuerza normativa. Por ello podemos afirmar que la empresa necesita de su legitimación para subsistir, es decir, para su éxito económico.

De ahí también que una de las tareas básicas de la *asesoría ética empresarial* sea la de mejorar la situación del asesorado (empresario, manager...) con referencia a esta *credibilidad social*. Pero, lógicamente, no a cualquier precio. En este apartado hemos intentado establecer el marco normativo desde el que debe realizarse esta asesoría. Una vez más, esta necesidad de legitimidad nos muestra cómo la empresa, y la economía en general, dependen también de *criterios morales* de la sociedad. Y esto significa: de criterios no-económicos. Donde mejor se aprecia que esta idea del diálogo empresarial constituye, ya de hecho, una presuposición del funcionamiento de la empresa como institución social, es precisamente analizando la interrelación de grupos de intereses que definen su sentido y razón de ser, es decir, lo que aquí vamos a denominar voluntad empresarial. Éste va a ser el objetivo de nuestro próximo punto.

IV. DIMENSIONES DE LA VOLUNTAD EMPRESARIAL

Uno de los elementos clave dentro de los valores y conceptos que la empresa transmite a la sociedad, y de los que deriva su legitimación, es el de *calidad*. El concepto de calidad depende de los resultados empresariales, sean productos o servicios. Resultados que a su vez deben equilibrarse con los «costes sociales» que ha sido necesario utilizar. Si el balance entre costes y beneficios sociales se inclina hacia los primeros, estaremos ante el peligro de una pérdida de legitimidad social.

Lo importante para nuestro objetivo es que la dimensión ética es una parte decisiva dentro de este concepto de calidad con el que la empresa se presenta a la sociedad. Este concepto de calidad no es dominio exclusivo de lo que hemos denominado *asesoría informativa* (la optimización de recursos, la elección de proveedores...). Esta tarea es lógicamente necesaria, pero no suficiente. Hace falta una *asesoría normativa* que pueda dar razón de la relación entre la empresa y la sociedad, es decir, entre *calidad empresarial* y *calidad de vida*. Desde el marco normativo que hemos propuesto, esta explicación debe realizarse desde la búsqueda de una armonización, de un acuerdo, entre todos los ámbitos de intereses que se mueven dentro y fuera de la empresa. Y esto no es sólo un problema de elaboración de información, sino un problema de *formación dialógica de la voluntad* de todas las partes implicadas.

Nuestra primera tarea para poder establecer las diferentes formas de la asesoría ética es distinguir cuáles son estos grupos y qué intereses generales les caracterizan. Con este fin, podemos comenzar por diferenciar los grupos en virtud de su carácter interno o externo. Tendríamos así una determinada estructuración de la empresa que esquemáticamente podría representarse según el siguiente cuadro:

GRUPOS	INTERESES
Internos	
Socios y accionistas	• beneficio e incremento del valor de la empresa • rentabilidad y liquidez de las inversiones • transparencia de las operaciones y proyectos • participación y control de la gestión
Directivos	• poder de decisión y control: capacidad de gestión • influencia, prestigio e ingresos • desarrollo de las ideas y capacidades propias • maximizar el valor de la empresa
Trabajadores	• salario, prestaciones sociales, seguridad, higiene y salud laboral • seguridad en el puesto de trabajo • promoción profesional y humana • capacidad de interlocución: participación
Externos	
Clientes	• calidad y justa relación calidad-precio • información veraz y clara sobre los productos y servicios • garantía de la integridad, seguridad y salud de los consumidores, usuarios y clientes • servicio posventa
Proveedores	• aceptación de los principios de libre mercado • capacidad de pago • información clara de las posibilidades comerciales • respeto de las marcas y de la propiedad industrial
Competidores	• respeto a las reglas de la libre competencia • reciprocidad de las relaciones • cumplimiento de los compromisos • cooperación en las diferentes políticas empresariales
Comunidad: — entorno — estado — sociedad en general	• *legales:* obligaciones fiscales, cumplimiento de la legislación vigente • *sociales:* contribución positiva al desarrollo económico y al empleo. Colaboración activa con las instituciones sociales, culturales y científicas • Respeto por los valores morales, tradicionales y religiosos • *medioambientales:* cuidado, respeto y mejora del medioambiente

FIGURA 2: *Dimensiones de la voluntad empresarial*

De estos grupos de intereses surgen una serie de cuestiones cuya resolución implica directa o indirectamente una perspectiva ética. Recordemos que si bien el derecho positivo conlleva ya esta perspectiva en su pretensión de legitimidad, estamos ante aspectos que por regla general requieren una solución extrajurídica, sea por la insuficiencia de la normativa legal o sea por la lentitud y altos costes de su aplicación. Podemos agrupar estas cuestiones en tres apartados:

1. *Cuestiones internas*

Se refieren a todos los problemas que pueden surgir entre los miembros y los propietarios del sistema empresarial. En especial suelen aparecer con referencia a la división de poder dentro del sistema, así como a la distribución de cargos y beneficios. Por ejemplo:

a) Problemas de dirección y desarrollo del personal: motivación e incentivación, falta de seguridad laboral, estilos no respetuosos de dirección, igualdad de oportunidades de promoción, política injusta de salarios...

b) Problemas en el proceso de producción: amenazas para la salud de los trabajadores, malas condiciones de trabajo, producción de armas...

c) Problemas de dirección empresarial: competencia dentro de la dirección, jerarquización arbitraria, favoritismos...

2. *Actuaciones en el mercado*

Se refieren a todas las cuestiones que se derivan de la competencia en una economía libre de mercado. En ellas se acentúa la necesidad de la «imagen» de la empresa como la mejor forma de asegurar un «lugar» en el mercado.

a) Relación de la empresa con sus proveedores: compra de material a empresas de mala calidad ética (contaminantes, capital desconocido...), incumplimientos de las relaciones contractuales, política de precios...

b) Relación de la empresa con sus clientes: seguridad en la garantía, técnicas de marketing agresivo, transparencia y normas de seguridad y caducidad, desarrollo de una conciencia ecológica...

c) Relación de la empresa con la competencia: pago de sobornos, incumplimiento de la palabra dada, uso de información confidencial, ruptura de la confianza...

3. *Exigencias de la sociedad*

En general se encuentran bajo este rótulo aquellos problemas que conducen directamente a la necesidad de legitimación de la empresa y que se refieren al cumplimiento de las expectativas ante el entorno social.

a) Aceptación de los productos: utilización de energía nuclear, tecnología militar, productos manipulados genéticamente, alcohol, tabaco...

b) Métodos de producción: experimentación con seres humanos y animales, destrucción de la capa de ozono, contaminación, destrucción de bosques, imposibilidad de reciclar sus residuos...

c) Posición ante el orden económico: explotación de países del Tercer Mundo, creación de puestos de trabajo en zonas sin «derecho laboral»; instalación de fábricas en países con violación sistemática de los derechos humanos, falta de apoyo al desarrollo científico y tecnológico...

Sin una respuesta ante problemas de este tipo, sin una política empresarial clara en relación al cumplimiento de las exigencias de los diferentes grupos, el funcionamiento de la empresa no puede ser sino irregular y su existencia precaria. Aquello que solemos denominar usualmente *imagen* de la empresa, es decir, su carta de presentación, si quiere ser efectiva y conseguir una aceptación social estable y duradera, debe ir más allá de unas «publics relations» entendidas como «mera presentación». Debe buscar más bien las razones que hacen posible esa confianza y credibilidad social. Para ello, la empresa tiene, en primer lugar, que construir una *identidad o personalidad propia* que tenga en la coherencia entre las palabras (las justificaciones) y los hechos (las acciones) su principal máxima de acción.

Para conseguir esta identidad es necesario poseer una *filosofía empresarial*, en el sentido de una *autorreferencia reflexionada* del papel de la empresa en su entorno social. La idea básica que quiere transmitir una asesoría ético-empresarial como la que aquí venimos presentando, y cuyo resumen tenemos a continuación, consiste en afirmar que la empresa debe ser un «sistema abierto y capaz de aprendizaje», en el sentido en que sea capaz de realizar y mantener esta identidad desde el horizonte del acuerdo potencial de todos los grupos de intereses implicados. En el siguiente y último punto analizaremos algunas de las formas en que la ética puede ayudar a construir esta personalidad empresarial.

TIPO	Asesoría normativa (normas y valores)
OBJETIVO	Legitimidad social de la empresa
METODOLOGÍA	Horizonte de la armonización de intereses (resolución consensual de conflictos)
APORTACIÓN BÁSICA	• Definición de los elementos de la racionalidad económica • Determinación del sentido y de la identidad empresarial • Presupuestos morales de la toma de decisiones

FIGURA 3: *Asesoría ética para la empresa*

V. DIFERENTES FORMAS DE ASESORIA ETICA EMPRESARIAL

Antes de hablar de las diferentes formas en que puede concretarse la asesoría ética en la empresa, sería conveniente detenernos brevemente en la actuación del asesor ético. Más que de una asesoría ética se trata ahora de una *ética de la asesoría,* de la cuestión de cómo debe comportarse el especialista, también lógicamente el asesor ético. Es decir, qué reglas o normas determinan en su caso una actuación profesional «justa». Sin poder entrar en este terreno propio de la ética o deontología profesional, podemos recoger algunos de los principios básicos que deben regir esta actividad empresarial:

1) El asesor no debe aceptar encargos para cuya realización no cuente con la competencia necesaria.

2) Debe considerar con objetividad e imparcialidad los hechos que el cliente le presenta.

3) Debe tener en cuenta siempre las necesidades y posibilidades de su cliente.

4) Toda información del cliente debe ser tratada conforme a los principios de confidencialidad y fidelidad.

5) Debe evitar favorecer a un cliente frente a otro, así como aprovechar la información en beneficio propio.

Hecha esta precisión, podemos entrar ya en describir algunas de las formas de la asesoría ética en la empresa. Como ya habíamos avanzado, los tres niveles en que hemos diferenciado la posible aportación del especialista ético a la empresa nos conducen a dos momentos distintos dentro de la asesoría ética. Denominaremos *asesoría indirecta,* cuando se realiza en la empresa pero con carácter general, sin tener en cuenta los problemas concretos y sus condicionamientos. En cambio, la *asesoría ética directa* se ocupa de ayudar al empresario en la toma de decisiones en circunstancias dadas y particulares. El esquema de la página siguiente puede ayudarnos a comprender estos diferentes momentos y sus distintas posibilidades. A su explicación dedicaremos estas últimas páginas, siempre teniendo en cuenta que, a la hora de su aplicación, las líneas generales éticas aquí expuestas permiten una gran diversidad y riqueza de matices.

1. *Asesoría ética directa*

1.1. *La elaboración de un código ético*

Ya hemos mencionado la importancia de los códigos éticos en las empresas americanas y también su progresiva significación en las europeas y españolas. Aunque su *institucionalización* en las empresas reviste multitud de formas, solemos encontrar en ellos algunos rasgos comunes derivados de su objetivo básico: definir la *personalidad de la empresa,* el

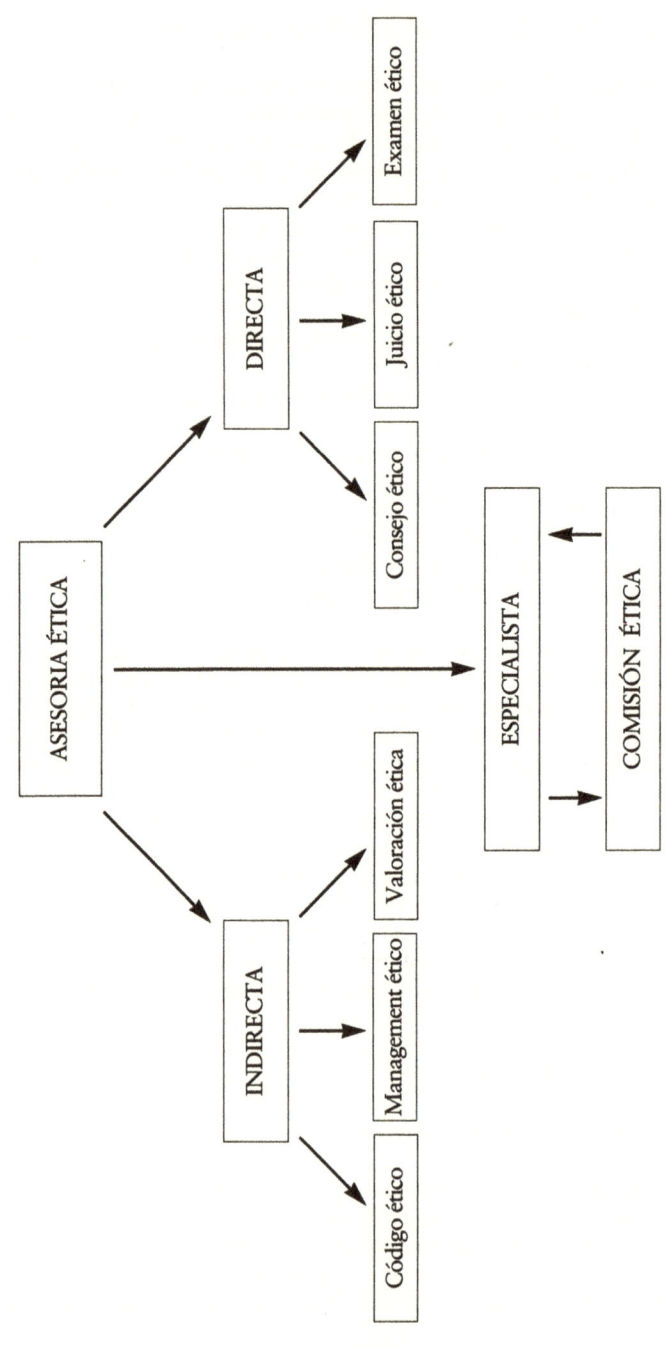

FIGURA 4

proyecto que constituye su carta de presentación ante el mercado, la sociedad y sus propios miembros. Presentar, en definitiva, un *marco de referencia común*.

Si bien cada empresa puede elaborar su propio código ético, la colaboración del especialista ético debe asegurar, en primer lugar, que no se convierta en un «sustituto» de la toma de decisiones, en un libro de recetas donde encontrar las respuestas a todos los problemas posibles o, peor aún, en un catálogo dogmático para poder penalizar en ámbitos donde no lo puede hacer el derecho o no nos interesa que lo haga. Es decir, todo lo contrario del *criterio de orientación* para la acción empresarial que pretende ser.

En este sentido, García Echevarría realiza una interesante distinción. Una empresa que quiera subsistir en las condiciones actuales de mercado no puede concebirse como una *empresa burocrática*, sino como una *empresa corporativa*. La diferencia estriba en que las primeras están estructuradas mediante imposición de reglamentos o cualquier tipo de referencias legales, esto es, a través de *normas* como regulaciones concretas de la acción. Mientras que las segundas lo están con respecto a *valores*, orientaciones generales de la acción, a partir de las cuales pueden construirse comunicativamente las normas que definen la coordinación dentro y fuera de la empresa. Sólo estas últimas permiten el grado de flexibilidad, la capacidad de innovación, de imaginación y, por tanto, de responsabilidad, que un mercado altamente diferenciado y complejo exige.

En esta última dirección hemos presentado a lo largo de este trabajo los rasgos básicos de una ética empresarial. La aportación de la asesoría ética debe ir dirigida principalmente hacia el logro de esta flexibilidad, condición necesaria a su vez del éxito empresarial. La «rentabilidad» de la ética debe verse entonces en su doble dimensión: hacia el exterior en las aportaciones de la empresa al entorno social; hacia el interior, en la reducción de los costes de coordinación.

Desde estas premisas, si queremos que un código ético cumpla estos objetivos, esto es, si queremos que un código sea eficaz, debe alcanzar un mínimo de consenso entre todos los grupos implicados. Esto nos obliga a que en su elaboración participen, en la medida de lo posible, estos diferentes grupos de intereses. Como es obvio, esta aplicación del principio del diálogo tiene que tener en cuenta las condiciones de su posible realización: la elección de representantes, la dificultad de calcular las consecuencias, los límites de tiempo... De ahí que la tarea del especialista ético sea explicitar la *normatividad* que deriva, en cualquier situación, de este principio.

La aportación del especialista ético consiste, dadas estas premisas, en una *determinada configuración* de estos valores básicos, de modo que sepa combinar las exigencias morales que se derivan de la necesidad de legitimación con las características propias de cada una de las empresas. Para ello, los códigos éticos deberían expresar, en mi opinión, tres componentes básicos: la filosofía, la cultura y la política empresarial.

a) Filosofía empresarial

Consiste en la definición de la empresa, de su función y del lugar social y económico que ocupa o quiere ocupar. Para ello debe apoyarse, explícita o implícitamente en tres pilares básicos: una imagen del hombre, un modelo de orden social y un modelo de empresa.

Si, como hemos visto en el capítulo anterior, partimos de un modelo de empresa, de lo que la empresa debe ser, como un instrumento económico para el enriquecimiento privado, estamos apoyándonos en determinadas concepciones políticas y sociales que, a su vez, suponen una determinada concepción ética del hombre y de sus relaciones. Si partimos de la empresa como un sistema que cumple diferentes funciones socioeconómicas, estamos utilizando otros supuestos básicos. La tarea del asesor ético es, en este aspecto, explicitar estos supuestos y darle una configuración en el seno de la empresa.

La filosofía empresarial aporta al código ético, en resumen, tres funciones básicas:

— una base normativa para el establecimiento de la política empresarial;

— una orientación sobre principios y objetivos de la empresa, esto es, una definición de lo que la empresa es y quiere ser;

— un instrumento de *Public-relations* como presentación de la empresa.

b) Cultura empresarial

Se refiere a la concreción de las normas y valores necesarios para alcanzar los objetivos definidos por la filosofía de la empresa. Su finalidad propia es desarrollar un proyecto común que, apoyándose en los principios que rigen la empresa, posibilite la identificación corporativa de todos sus miembros. No hace falta insistir en que sólo esta identificación es capaz de asegurar una «responsabilidad compartida» y, con ello, reducir los costes de coordinación.

c) Política empresarial

Apoyada a su vez en la filosofía y en la cultura empresarial, la política empresarial establece una determinada relación entre los diferentes intereses. Nos define cuáles son los ejes centrales de actuación empresarial a través de una jerarquización de *prioridades*, de las que luego derivarán los objetivos estratégicos y operacionales. Desde el punto de vista ético, la tarea del asesor ético se dirige hacia la explicitación del *potencial de acuerdo comunicativo* que tal definición exige.

La política empresarial debe explicitar claramente los tres elementos siguientes:

— *Las funciones de la empresa*. Se trata de especificar la *función económica básica* que da carácter específico al sistema empresarial.

— *Los objetivos empresariales.* La política empresarial debe explicitar los objetivos que permiten la realización de su función económica básica son referencia, al menos, a los siguientes aspectos: en el mercado (calidad del producto, innovación...), rentabilidad (ganancias, aumento del capital, inversión...), financiación económica (liquidez, credibilidad...), trabajadores (remuneración, seguridad social...), sociedad (inversiones sociales, no-contaminación...).

— *Principios de conducta.* Son normas superiores y líneas rectoras para el comportamiento «ante» y «frente» los distintos grupos que componen la empresa. Es aquí donde explícitamente cumple la ética su función más básica. Para algunas empresas el código ético se restringe a esta última cuestión. Aunque éste fuera el caso, es imposible llevar a cabo esta tarea sin considerar todos los puntos que venimos analizando.

1.2. *Aspectos de un* management *ético*

A la hora de confeccionar los *principios metódicos* por los que el *management* puede cumplir su función de dirección, el concepto de empresa como institución social exige la introducción de la dimensión ética en esta tarea. Si entendemos por *management* el conjunto de medios y métodos puestos en práctica para administrar una empresa, se hace necesario distinguir tres niveles para alcanzar este fin:

 a) Management normativo. Se refiere a los problemas de legitimación y conflictos entre los grupos.

 b) Management estratégico. Se refiere a la resolución de las tareas de complejidad e inseguridad del mercado.

 c) Management operativo. Se trata aquí de los problemas de eficiencia y del desarrollo del potencial de productividad empresarial.

La diferencia entre estos tres niveles quiere hacer patente que la dirección no afecta sólo a la dimensión técnica, sino también, y sobre todo, a las relaciones humanas. Un *management* profesional tiene que saber considerar a los trabajadores como sujetos y no como meros instrumentos dentro del factor de producción. La aportación del especialista ético consiste en proporcionar los criterios básicos para que una mediación entre estos niveles sea posible.

1.3. *Valoración ética de la empresa*

Dentro del grupo de la asesoría indirecta nos encontramos con la posibilidad de una valoración global ética de la empresa como organización, exigida normalmente para impulsar su comportamiento ético y asegurar su lugar en el mercado.

De esta forma se supone que las empresas pueden ser comparadas unas con otras desde el punto de vista ético (no es el primer caso que tales juicios han llevado hasta el boicot de la empresa). La valoración se realiza desde unos *criterios éticos* que responden, por lo general, a la situación de la empresa como un sistema de bienes y servicios, en la que deben complementarse, como hemos visto, costes y beneficios sociales y ecológicos. En la actualidad existen múltiples empresas, Info Center por ejemplo, dedicadas exclusivamente a este tipo de valoraciones.

La valoración debe saber combinar los criterios éticos con toda la información necesaria acerca de la empresa (capital, condiciones del mercado, impuestos...). Los siguientes criterios son algunos con los que trabaja, por ejemplo, el *Schopping for a Better World,* verdadera guía práctica estadounidense para establecer preferencias a la hora de comprar el producto o de relacionarse las empresas entre sí conforme a su calidad «ética»: defensa de las mujeres y de las minorías en la gerencia empresarial y en la alta dirección, condiciones de trabajo, consideración de las exigencias familiares, apoyo a las iniciativas locales en educación y vivienda, política empresarial ecológica...

2. *Asesoría ética directa: el papel de los comités éticos*

El papel del asesor ético en la empresa no puede terminar con su contribución a la especificación de estas cuestiones éticas de carácter general dentro de la empresa. Ninguna acción determinada puede identificarse del todo con las reglas básicas, más aún si éstas constituyen criterios generales de acción. La realización de estas líneas maestras expresadas en el código ético exige hablar de una *asesoría directa,* donde el asesor se encuentra frente a un cliente que quiere aclarar las implicaciones éticas de una propuesta, decisión o proyecto y discutir posibles estrategias de acción. Esta asesoría puede tener tres formas diferenciadas pero muy relacionadas entre sí.

— *Consejo ético*. Cuando el empresario busca una opinión acerca de un problema estructural determinado: la falta de motivación en el interior de la empresa, saber el nivel de desarrollo moral de los trabajadores, la potencialidad ética de un producto determinado, los límites de una campaña publicitaria, etc.

— *Juicio ético*. Cuando no sólo se pide un consejo sino también una toma de posición ante una decisión o propuesta: una política empresarial ecológica, nuevos planes de organización...

— *Examen ético* (Revition, Audit): aquí se destacan los puntos fuertes y débiles de una acción empresarial, sus deficiencias y los conflictos éticos correspondientes, así como la coherencia con otras decisiones y actuaciones en similares circunstancias.

En estos casos, la función básica del asesor ético es explicitar los valores y normas implícitos en cada una de las situaciones, así como los valores en conflicto ante los que se plantea la cuestión. Su manera de trabajar ya hemos visto que de ninguna manera puede ser la aplicación deductiva de los principios y normas generales. Consiste más bien en introducir en la discusión o en el proceso de decisión la dimensión ética que subyace al problema. Recordemos que las decisiones en las que debe ayudar el asesor ético son siempre una *mezcla* de *problemas normativos* (decisión de valores y actuaciones) y *problemas informativos* (análisis de medios-fines operativo o estratégico). El primer paso en la toma de decisiones consiste en la aclaración misma del problema, en la presentación de los elementos esenciales de la situación. Aquí el experto ético presenta cuestiones como: ¿estamos ante un conflicto de derechos?, ¿se trata de intereses igualmente legítimos?, ¿es un problema de justicia distributiva o conmutativa?, ¿qué normas igualmente justas pueden aplicarse?, ¿cómo decidir entre ellas?

Pero también en los siguientes pasos del proceso de decisión, en la elaboración de alternativas, en su valoración, en el seguimiento, se encuentran problemas que afectan a la dimensión ética. Problemas que no pueden obviarse so pena de perder la legitimidad que apoya la existencia de la empresa. Recordemos que normalmente los supuestos normativos se hallan *implícitos* y es necesaria una *lógica de la argumentación* que sea capaz, por así decirlo, de «ponerlos sobre el tapete».

La asesoría ética directa puede ayudarse también de métodos cuantitativos que determinan las implicaciones éticas de una situación (catálogos de valores, sistemas de puntos...). Pero tales métodos, a mi modo de ver, deben entenderse como lo que son: un *instrumento* más al servicio de la argumentación práctica, como apoyos empíricos para dar solidez a nuestras razones. En ningún momento deben sustituir al posible diálogo empresarial.

Ya para terminar, es conveniente destacar un punto que afecta a todas estas diferentes posibilidades de asesoría. El asesor ético no puede actuar aisladamente. Puede desde su competencia aconsejar sobre principios morales básicos y criterios generales de acción. Pero en el caso de situaciones particulares, la respuesta debe venir desde *equipos interdisciplinares*. De ahí que en el interior de muchas empresas funcionen ya los llamados *comités o comisiones éticas*. Estas comisiones pueden convertirse en un «tercer brazo» para la dirección empresarial, en el sentido de que su misión es constituir una especie de *defensa de la razón moral* que ayude en la toma de decisiones. Básicamente estas comisiones tendrían tres funciones:

1) Vigilar el cumplimiento del código ético de la empresa. Algo así como un «public auditor». Esto es, supervisar las decisiones éticamente relevantes de la empresa y emitir, en su caso, los juicios correspondientes.

2) También puede cumplir el papel de experto, para poder aplicar las líneas generales de la filosofía empresarial a los casos prácticos.

3) Se puede entender también como un centro de iniciativas para la generación, complementación y desarrollo de normas y líneas de acción relevantes para la resolución de conflictos.

Que las comisiones puedan desarrollar o no estas funciones depende del apoyo de la empresa y del convencimiento de su necesidad, pero sobre todo de su *composición*. Aunque la regulación de sus miembros es algo que no puede hacerse a *priori* y de forma general, deberían siempre tener un equilibrio entre *expertos y afectados*. Ya hemos visto como sin esta presencia de los afectados o de sus representantes es difícil hablar de un diálogo empresarial y, por tanto, de la legitimidad o justificación social de la empresa.

Nos queda, por último, la posibilidad de un asesoramiento al ámbito empresarial en general. Algunas de las formas aquí expuestas exceden con mucho las posibilidades de las pequeñas y medianas empresas. De ahí también la conveniencia de la realización de cursos, seminarios o masters de ética empresarial, que puedan llegar a todos los directivos, empresarios y demás miembros de la empresa.

En todo este abanico de posibilidades el asesor ético tiene que partir de la idea de que la ética no es *obstáculo sino condición*, presupuesto, para el éxito empresarial. Si bien la conducta justa de la empresa no lo garantiza por sí sola este éxito, el punto principal para la asesoría ética es que tampoco lo excluye. Más bien al contrario, la experiencia muestra que ciertos tipos de comportamiento conducen, en un plazo más o menos largo, al fracaso. La tarea del asesor ético es evitar que esto ocurra.

BIBLIOGRAFIA

Apel, K.-O.: *Diskurs und Verantwortung*, Suhrkamp, Frankfurt a. M., 1988.
Brown, M. T.: *La ética en la empresa*, Paidós, Barcelona, 1992.
Cortina, A.: *Ética sin moral*, Tecnos, Madrid, 1991.
—: *Ética aplicada y democracia radical*, Tecnos, Madrid, 1993.
DeGeorge, R. T.: «The Status of Business Ethics: Past and Future», en Steinmann y Lohr, *Unternehmensethik*, Stuttgart, 1989.
Domingo, A.: *Responsabilidad bajo palabra*, EDIM, Valencia, 1995.
—: «Autoridad», en *Diccionario de pensamiento contemporáneo*, Paulinas, Madrid, 1996.
Enderle, G.: «Unternehmensbewertung», en *Lexikon der Ethik*, 1993.
García Echevarría, S.: *Cultura empresarial*, Díaz de Santos, Madrid, 1988.
García Marzá, V. D.: *Ética de la justicia*, Tecnos, Madrid, 1992.
Garmendia, J. A.: *Tres culturas*, ESIC, Madrid, 1994.
Gelinier, O.: *Ética de los negocios*, Espasa-Calpe, Madrid, 1991.
Purcell, Th. y Weber, J.: *Institutionalizing Corporate Ethics*, New York, 1990.
Rodríguez, A.: *Empresa y ética a finales del siglo XX*, SM, Madrid, 1994.
Steinmann, H. y Lohr, A.: *Grundlagen der Unternehmensethik*, Poeschel, 1992.
Ulrich, P.: *Bases para una economía crítica*, Madrid, 1994.
—: *Auf der Suche nach einer modernen Wirtschaftsethik*, Haupt, Stuttgart, 1990.
—: *Management-Eine konzentrierte Einführung*, Bern/Stuttgart, ^{6}1992.
—: *Transformation der ökonomischen Vernunft*, Haupt, Stuttgart, ^{3}1993.
Van Luijk, H.: «Unternehmensberatung», en *Lexikon der Wirtschaftsethik*, Herder, Freiburg Br., 1993.
Wieland, J.: *Formen der Institutionalisierung von Moral in amerikanischen Unternehmen*, Haupt, Stuttgart, 1993.

APENDICE[1]

I. UNIVERSIDADES Y CENTROS CON DOCENCIA E INVESTIGACION EN ETICA ECONOMICA Y EMPRESARIAL

Alemania

— Universidad Católica de Eichstätt (Ingolstadt), Facultad de Ciencias Económicas; Cátedra de Ética Económica: Prof. Karl Homann.
— Universidad de Erlangen-Nürnberg, Facultad de Ciencias Económicas: Prof. Horst Steinmann, Dr. Albert Löhr.
— Universidad de Münster, Centro de Investigación de Ética Económica en el Instituto de Ciencias Sociales: Dr. Josef Wieland.
— Instituto de investigación en Hannover: Prof. Richard Schenk, Prof. Peter Koslowski, Prof. Reinhard Löw.

Austria

— Universidad de Viena: Prof. Franz Rupert Hrubi.

Gran Bretaña

— Universidad de Londres, Centro de Investigación de Ética de los negocios, King's College: Prof. Jack Mahoney.
— Escuela de Negocios de Manchester, Cátedra de Responsabilidad Corporativa: Prof. Brian Harvey.

Benelux

— Nijenrode Universiteit voor Bedrijfskunde, Cátedra de Ética Empresarial: Prof. Henk van Luijk.
— Universidad Católica de Lovaina, Cátedra Hoover de Ética Económica y Social: Prof. Philippe van Parijs.

---

1. Hemos aprovechado datos ofrecidos por el *IWE* (Instituto de Ética Económica) de St. Gallen y por el *Journal of Business Ethics*.

España

— ICADE: Prof. José Luis Fernández (Madrid), José Alegre (Zaragoza)
— ESADE: Prof. José M.ª Lozano
— IESE: Prof. Antonio Argandoña
— ETEA: Prof. Gaspar Rullán
— ESDEN
— ESIC: Simón Reyes Martínez
— Instituto de Empresa: Prof. Joaquín Garralda
— Universidad de Alcalá de Henares, Instituto de Dirección y Organización de Empresa: Prof. Santiago García Echevarría.
— Universidad de Navarra: Prof. José M.ª Ortiz.
— Universidad Jaime I de Castellón: Prof. V. Domingo García Marzá.
— Universidad de Valencia: Prof. Jesús Conill.
— Instituto Ciencias Seguro Mapfre: Prof. Jesús de Garay

Estados Unidos

— Universidad de Notre Dame, College of Business Administration: Prof. George Enderle.

Suiza

— Instituto de Ética Económica de la Escuela Superior de St. Gallen (IWE-HSG), Director: Prof. Peter Ulrich.

II. GRUPOS DE TRABAJO Y ASOCIACIONES

— International Society of Business, Economics and Ethics, Secretario General: Prof. R. T. DeGeorge, University of Kansas.
— European Business Ethics Network (EBEN), Presidente: Prof. Henk van Luijk.
— Mouvement Anti-Utilitariste dans les Sciences Sociales (MAUSS), Director: Prof. Alain Callé, Université de París I (Sorbonne).
— Seminario de Ética Económica y Empresarial (SEEE), Bancaja, Valencia, Directora: Prof. Adela Cortina.
— Wirtschaftsethisches Kolloquium Bern-Zürich-St. Gallen (J. L. Arni, M. Büscher, H. Kaiser, U. Knobloch, P. F. Müller, M. Osterloh, H. B. Peter, H. Ruh, B. Staffelbach, U. Thielemann, R. Tiemann, J. P. Thommen, P. Ulrich).
— Ética, Economía y Dirección. Asociación española de ética de la economía y de las organizaciones (EBEN-España), Presidente: Prof. José Luis Fernández (ICADE-Madrid), Secretario: Prof. Antonio Argandoña (IESE-Barcelona).
— Fundación para la Ética de los Negocios y las Organizaciones (ETNOR-Valencia): Adela Cortina.
— Instituto Social Empresarial (ISE-Valencia): Vicente Oltra.

INDICE

Contenido 7
Prólogo 9
Nota preliminar 11
Introducción. La empresa: el tema de nuestro tiempo 13

Capítulo 1
¿QUE ES LA ETICA?

I. La ética es un tipo de saber que orienta la acción (un tipo de saber práctico) 17
II. Modos del saber ético (modos de orientar racionalmente la acción) ... 18
   1. La forja del carácter (tomar decisiones prudentes) 18
     1.1. Fines, valores, hábitos 19
     1.2. El carácter de las personas y el de las organizaciones 21
     1.3. Ética de las organizaciones 24
   2. El respeto de los derechos humanos desde una moral crítica (tomar decisiones moralmente justas) 25
     2.1. Moral crítica y derecho positivo 26
     2.2. Moral crítica y moral social vigente 27
III. Ética como filosofía moral (moral vivida y moral pensada) 28
IV. Las partes de la ética 29
   1. Fundamentación de la ética 29
     1.1. Los hombres son estructuralmente morales 29
     1.2. Los hombres tienden necesariamente a la felicidad (eudemonismo) 29
     1.3. Todos los seres vivos buscan el placer (hedonismo) 29
     1.4. Autonomía y dignidad humana (kantismo) 30
     1.5. Todos los hombres son interlocutores válidos (ética del diálogo) 31
   2. Ética aplicada 32
Bibliografía 33

Capítulo 2
LA ETICA EMPRESARIAL EN EL CONTEXTO DE UNA ETICA CIVICA

I. Una primera aproximación a la ética cívica	35
II. El hecho del pluralismo moral	35
III. El nacimiento de la ética cívica	37
IV. Características de la ética cívica	38
1. Ética de mínimos	38
2. Ética de ciudadanos, no de súbditos	38
3. Ética de la Modernidad	39
V. Contenidos mínimos de una ética cívica	39
1. Los valores de libertad, igualdad y solidaridad	39
2. Los derechos humanos	40
3. La tolerancia activa	41
4. Un *êthos* dialógico	42
VI. La ética empresarial en el contexto de una ética cívica	42
1. No es posible una ética empresarial sin una ética cívica ...	42
2. No es posible una ética cívica sin una ética empresarial ...	44
VII. Funciones de una ética cívica	44
VIII. Ética, derecho y religión	45
1. Tres formas de saber práctico estrechamente conectadas entre sí	45
2. Tres formas de saber práctico, que no se identifican entre sí ...	46
3. Moral y derecho: ¿basta con cumplir la legalidad vigente para actuar moralmente bien?	47
Bibliografía	50

Capítulo 3
MARCO ETICO-ECONOMICO DE LA EMPRESA MODERNA

I. Ética económica y ética empresarial	51
II. Ética de la economía moderna	52
1. Capitalismo y modernidad	52
2. Racionalización social capitalista y empresa moderna	53
III. ¿Ética del capitalismo?	55
IV. ¿Legitimación o transformación del capitalismo?	56
1. El empresario burgués	56
2. El interés propio y la «mano invisible»	57
3. El principio de utilidad y sus límites	58
4. El interés general: la elección social	59
5. La justicia como equidad	60
6. Las reglas de un contrato constitucional	61
7. La coordinación del mercado	62
8. La eficacia del capitalismo democrático	64
9. Capitalismo social y *management* comunicativo	65
V. De la «casa» a la «empresa»: el progreso de la «mano visible» ...	66
1. El modelo «ecológico»: oikonomía *versus* crematística ...	67
2. El poder creciente de la organización empresarial	69
Bibliografía	74

INDICE

Capítulo 4
ETICA DE LA EMPRESA

I.	Dificultades de una ética empresarial	76
	1. Desconfianza del empresariado	76
	2. ¿Cosmética o necesidad?	76
	3. ¿No es imposible ser empresario y comportarse éticamente? De la ética de la convicción a la ética de la responsabilidad convencida ...	77
II.	Razones para el nacimiento de la ética empresarial	80
	1. Urgencia de recuperar la confianza en la empresa	80
	2. Necesidad de tomar decisiones a largo plazo	81
	3. La responsabilidad social de las empresas	81
	4. Necesidad de una ética de las organizaciones	82
	5. Una época managerial	82
	6. La figura del directivo	83
	7. Un medio para recuperar la comunidad frente al individualismo	83
	8. ¿Héroes? no, gracias	84
	9. Imposibilidad de eludir el nivel postconvencional	85
III.	¿Qué es la ética empresarial?	86
	1. La ética de los negocios es un modo de resolver moralmente conflictos de acción	86
	2. La ética de los negocios concierne a las relaciones externas e internas en la empresa	87
	3. Ética de la dirección y la gestión	87
	4. La ética empresarial en el contexto de una ética de las instituciones	87
	5. La ética empresarial como concreción de una ética cívica	88
IV.	Características de la ética empresarial	89
V.	Dos modelos de empresa	91
VI.	Valores propios de una empresa postaylorista	92
Bibliografía		94

Capítulo 5
ETICA DE LA DIRECCION

I.	El liderazgo empresarial como liderazgo moral	95
II.	El factor humano en la empresa	96
	1. Niveles de acción empresarial	96
	2. La transformación de la cultura empresarial	97
	2.1. Génesis y evolución del modelo taylorista	97
	2.2. Contradicciones del taylorismo	99
	2.3. El modelo postaylorista	100
	3. La empresa como espacio ético: innovación, cooperación y justicia	101
	4. Complementariedad de lo personal y lo institucional	102
	5. Un proyecto integral de empresa	103
III.	La identidad profesional del directivo	104
	1. Profesión y vocación en un *êthos* laboral	104
	2. ¿Dónde está la vocación en una ética de la dirección?	106
	3. La dignificación ética del *management*	107
	4. Autoridad, responsabilidad y liderazgo	111
	5. La emergencia de una nueva cultura empresarial	113
	6. Principios básicos de acción	115

IV. Autorregulación profesional y patrimonio moral 117
   1. La autorregulación en la dirección empresarial 117
   2. Elementos de regulación y patrimonio moral 118
Bibliografía 120

Capítulo 6
ASESORIA ETICA EN LA EMPRESA: HACIA UN NUEVO CONCEPTO DE EMPRESA

  I. Institucionalización de la ética en la empresa 123
 II. Rasgos básicos de la asesoría ética 125
   1. Asesoría informativa y asesoría normativa 125
   2. Características de la asesoría ética 127
   3. Niveles de la asesoría ética 129
III. La empresa como institución social 129
IV. Dimensiones de la voluntad empresarial 133
   1. Cuestiones internas 135
   2. Actuaciones en el mercado 135
   3. Exigencias de la sociedad 135
 V. Diferentes formas de asesoría ética empresarial 137
   1. Asesoría ética directa 137
      1.1. La elaboración de un código ético 137
      1.2. Aspectos de un *management* ético 141
      1.3. Valoración ética de la empresa 141
   2. Asesoría ética directa: el papel de los comités éticos 142
Bibliografía 144

Apéndice 145

Índice 147